全国工会干部培训基础教材

工会资产工作概论

全国工会干部培训基础教材编写委员会◎编

中国工人出版社

图书在版编目（CIP）数据

工会资产工作概论 / 全国工会干部培训基础教材编写委员会编 .—
北京：中国工人出版社，2023.3
ISBN 978-7-5008-8094-3

Ⅰ .①工… Ⅱ .①全… Ⅲ .①工会工作－资产管理－
中国－干部培训－教材 Ⅳ .① D412.67

中国国家版本馆 CIP 数据核字（2023）第 025700 号

工会资产工作概论

出 版 人 董 宽
责任编辑 黄冰凌
责任校对 赵贵芬
责任印制 栾征宇
出版发行 中国工人出版社
地 址 北京市东城区鼓楼外大街45号 邮编：100120
网 址 http://www.wp-china.com
电 话 （010）62005043（总编室）
（010）62005039（印制管理中心）
（010）62382916（工会与劳动关系分社）
发行热线 （010）82029051 62383056
经 销 各地书店
印 刷 北京市密东印刷有限公司
开 本 660毫米×960毫米 1/16
印 张 13.5
字 数 170千字
版 次 2023年3月第1版 2023年11月第3次印刷
定 价 32.00元

全国工会干部培训基础教材
编写委员会

团结动员亿万职工
为全面建设社会主义现代化国家
贡献力量（代序）

王东明

党的二十大是在全党全国各族人民迈上全面建设社会主义现代化国家新征程、向第二个百年奋斗目标进军的关键时刻召开的一次十分重要的大会，是一次高举旗帜、凝聚力量、团结奋进的大会，为新时代新征程党和国家事业发展、实现第二个百年奋斗目标指明了前进方向、确立了行动指南。必须深刻领会大会精神实质、把握核心要义、明确奋斗目标，在全面学习、全面把握、全面落实上下功夫，团结动员亿万职工在新征程上踔厉奋发、勇毅前行，为实现第二个百年奋斗目标贡献智慧和力量。

深刻领悟“两个确立”的决定性意义，把“两个维护”落实到工会工作各方面全过程

党的二十大在政治上、理论上、实践上取得了一系列重大成果。习近平同志在党的二十届一中全会上继续当选中共中央总书记，充分反映了全党全军全国各族人民的共同心愿和习近平总书记的崇高威望，充分展示了全党全国上下在以习近平同志为核心的党中央团结带领下战胜前进道路上一切风险挑战、开创美好未来的坚定信心和决心，是全党上下拥护“两个确立”、做到“两个维护”的生动实践和真实体现。

党的十八大以来，党和国家面临的形势之复杂、斗争之严峻、改革发展稳定任务之艰巨世所罕见、史所罕见，习近平总书记以高超的政治智慧、强烈的历史担当、卓越的领导能力和“我将无我，不负人民”的崇高境界，带领全党全军全国各族人民攻坚克难、砥砺前行，推动党和国家事业取得历史性成就、发生历史性变革。实践充分证明，新时代十年的伟大变革，根本在于有习近平总书记作为党中央的核心、全党的核心领航掌舵，在于习近平新时代中国特色社会主义思想的科学指引。“两个确立”是党在新时代取得的重大政治成果，是推动党和国家事业取得历史性成就、发生历史性变革的决定性因素。

习近平总书记高度重视工人阶级和工会工作，对工会坚持党的领导提出明确要求，强调工会工作做得好不好、有没有取得明显成效，关键看有没有坚持正确政治方向；坚持正确政治方向，一言以蔽之，就是要坚持中国共产党领导和社会主义制度；只有坚持党的领导，工会工作才能方向明确、不走偏路，才能做得有声有色、扎实有效；在坚持党的领导这个根本问题上，工会必须旗帜鲜明、立场坚定。回顾百年来党领导的现代工人运动史，我国工会坚定不移在党的领导下开展工作，与历史同步伐、与时代共命运，为党和国家事业发展作出了重要贡献。

党的十八大以来，全总和各级工会始终把坚持党的领导作为工会工作的最高政治原则和根本保证，把深入学习贯彻习近平新时代中国特色社会主义思想作为首要政治任务，健全学习新时代党的创新理论的制度性安排，准确把握其基本观点、核心要义、科学体系、根本要求；完善党组（党委）会议“第一议题”制度，第一时间传达学习、第一时间狠抓落实习近平总书记重要指示批示、党中央重大决策部署；完善向党中央请示报告重大事项制度，探索与省级党委协调推进工会工作的机制，完善全总定期听取省级工会工作报告和意见建议制度；以党的政治建设为统领加强党的各项建设，全面推进工会系统从严治党，营造风清气正的良好政治生态。党的十八大以来工会工作取得重要进展和新成效，根本在于始终坚持党对工会的领导，在于始终坚持以习近平新时代中国特色社会主义思想为指导。

当前，世界百年未有之大变局加速演进，新一轮科技革命和产业变革深入发展，国际力量对比深刻调整，我国发展进入战略机遇和风险挑战并存、不确定难预料因素增多的时期。面对严峻复杂的形势，最重要的就是要始终坚持“两个确立”，坚决做到“两个维护”，这是党在新时代十年伟大变革中积累的宝贵经验，是党和国家的前途命运所系、全国各族人民的根本利益所在，是党团结带领全国各族人民全面建设社会主义现代化国家、夺取新的伟大胜利的根本政治保证。新征程上，各级工会组织和广大工会干部必须深刻领悟“两个确立”的决定性意义，进一步增强“四个意识”、坚定“四个自信”、做到“两个维护”，坚定不移在思想上政治上行动上同以习近平同志为核心的党中央保持高度一致。坚持不懈强化理论武装，深刻把握习近平新时代中国特色社会主义思想的世界观和方法论，坚持运用贯穿其中的立场观点方法，切实用以指导实践、推动工作、破解难题。自觉同习近平总书记重要指示批示精神、重要论述、党中央决策部署要求对标对表，真正把拥护“两个确立”、做到“两个维护”体现在行动上，落实到工作中。面向基层和一线职工，广泛开展多种形式的宣传宣讲，推动“两个确立”更加深入人心、“两个维护”成为广大工会干部和职工群众的自觉行动。

引领职工听党话、跟党走，汇聚起亿万职工团结奋斗的磅礴力量

党的二十大立足新时代新征程的历史方位，深刻分析我国发展面临的形势和挑战，对全面建成社会主义现代化强国两步走战略安排进行了宏观展望，重点部署了未来5年的战略任务和重大举措，发出了为全面建设社会主义现代化国家、全面推进中华民族伟大复兴而团结奋斗的伟大号召。

习近平总书记强调，党和人民取得的一切成就都是团结奋斗的结果，团结奋斗是中国共产党和中国人民最显著的精神标识。团结才能胜利，奋斗才会成功。新时代十年，我们以奋发有为的精神把新时代中国特色社会主义推向前进，创造了一个个令人刮目相看的人间奇迹，靠的就是全党全国各族人民万众一心、勇往直前、团结奋斗。汇聚起亿万人民团结奋斗的磅礴伟力，离不开扎实有效的思想政治引领。通过卓有成效的思想政治引领，把亿万职工思想统一起来、共识凝聚起来、力量激发出来，工会重任在肩、使命在肩。

党的十八大以来，全总和各级工会认真履行引导职工群众听党话、跟党走的政治责任，把学习贯彻习近平新时代中国特色社会主义思想作为加强思想政治引领的第一位任务，通过理论宣讲、劳模宣讲、演讲比赛、知识竞赛等方式，把“大学习”的课堂搬到工厂车间、生产一线，推动习近平新时代中国特色社会主义思想进企业、进车间、进班组。加强对习近平总书记关于工人阶级和工会工作的重要论述的学习贯彻和研究阐释，推动重要论述在工会系统和广大职工中落地生根。深入开展“永远跟党走、奋进新征程”、“喜迎二十大、建功新时代”等系列宣传教育活动，培育和践行社会主义核心价值观，“中国梦·劳动美”的价值引领深入基层、扎根职工。大力弘扬劳模精神、劳动精神、工匠精神，组织劳模、工匠人才进校园、进企业，发布全国“最美职工”、“大国工匠年度人物”，努力营造劳动光荣的社会风尚和精益求精的敬业风气。加强重点领域重点群体职工思想政治工作，创新工作方式方法，强化网上思想引领，推动思想政治工作传统优势与信息技术深度融合，加强对职工的人文关怀和心理疏导，建设健康文明、昂扬向上、全员参与的职工文化。

全面建设社会主义现代化国家，是一项伟大而艰巨的事业，前途光明，任重道远，更加需要坚定信念、鼓舞斗志，更加需要同心同德、团结奋斗。新征程上，工会必须牢记“三个务必”，牢牢把握团结奋斗的时代要求，把巩固团结奋斗的共同思想基础作为思想政治引领的重要内容，不断创新职工思想政治工作，引导广大职工坚定中国特色社会主义道路自信、理论自信、制度自信、文化自信，不断增强对中国共产党领导和中国特色社会主义制度的政治认同、思想认同、情感认同，自觉把人生理想、家庭幸福融入国家富强、民族复兴的伟业之中，更加紧密地团结在以习近平同志为核心的党中央周围，坚定不移听党话、矢志不渝跟党走，为实现党的二十大确定的目标任务团结奋斗。

贯彻党的全心全意依靠工人阶级方针，组织动员亿万职工在新征程上建功立业

党的二十大报告指出，从现在起，中国共产党的中心任务就是团结带领全国各族人民全面建成社会主义现代化强国、实现第二个百年奋斗目标，以中国式现代化全面推进中华民族伟大复兴。这是站在历史和时代的高度，全面把握党和国家事业发展新要求、人民群众新期待，向全党全国各族人民发出的动员令。

习近平总书记强调，工人阶级是我国的领导阶级，是我国先进生产力和生产关系的代表，是我们党最坚实最可靠的阶级基础。我国工会是中国共产党领导的工人阶级群众组织，团结动员广大职工群众为实现党在不同历史时期确立的纲领、目标和中心任务而努力奋斗是工会的重要使命。新民主主义革命时期，工会按照党确立的符合当时形势的工运策略和活动方式，提高工人阶级的政治觉悟，动员工人群众开展各种形式的斗争，团结动员广大职工为实现民族独立、人民解放而奋斗；社会主义革命和建设时期，工会动员带领广大工人坚决响应党的号召，焕发国家主人翁精神，为建立和巩固人民当家作主的新政权、建立独立的比较完整的工业体系和国民经济体系而奋斗；改革开放和社会主义现代化建设新时期，工会坚持围绕中心、服务大局，团结动员广大职工为坚持和发展中国特色社会主义而奋斗。

党的十八大以来，全总和各级工会围绕国家重大战略、重大工程、重大项目、重点产业，组织职工广泛深入持久开展多种形式的主题劳动和技能竞赛，开展“小发明、小创造、小革新、小设计、小建议”等群众性创新活动；加强劳模、工匠和职工学习阵地建设，示范带动创建各级各类创新工作室8万多家；成功举办首届大国工匠创新交流大会，习近平总书记向大会致贺信；推荐多名一线工人获得国家科技进步奖，职工创新创造活力显著提升。扎实推进产业工人队伍建设改革，成立推进产业工人队伍建设改革工作领导小组，产业工人思想引领、建功立业、素质提升、地位提高、队伍壮大等改革措施有效落实，改革取得重要阶段性成效，产业工人在推进高质量发展中的主力军作用更加突出。

党的二十大擘画了以中国式现代化推进中华民族伟大复兴的宏伟蓝图，把宏伟蓝图变成美好现实，根本上要靠包括工人阶级在内的全体人民的劳动、创造、奉献。新征程上，工会必须牢牢把握为实现中华民族伟大复兴的中国梦而奋斗的我国工人运动时代主题，充分发挥工人阶级主力军作用，团结动员亿万职工为推进中国式现代化建功立业。围绕建设教育强国、科技强国、人才强国，深化产业工人队伍建设改革，抓好抓实职工素质提升工作，加快构建产业工人技能形成体系，推动健全落实高技能人才培养、使用、评价、激励、保障机制，畅通技能人才流动渠道，努力建设一支宏大的知识型、技能型、创新型产业工人大军，为推进中国式现代化提供坚实人才和技能支撑。

坚持以人民为中心的发展思想，扎实做好工会维权服务工作

党的二十大报告通篇贯穿人民至上的根本立场和以人民为中心的发展思想，强调“江山就是人民，人民就是江山”，强调“为民造福是立党为公、执政为民的本质要求”，对“增进民生福祉，提高人民生活品质”作出安排部署，充分体现了以习近平同志为核心的党中央矢志不渝、坚守初心的政治本色和深厚为民情怀，体现了我国社会主义制度的本质和优越性，顺应了历史发展大势和人民群众期盼。

习近平总书记指出，我们党的根本宗旨就是为人民群众办好事，为人民群众幸福生活拼搏、奉献、服务；要想人民之所想，行人民之所嘱，不断把人民对美好生活的向往变为现实；工会要认真履行维护职工合法权益、竭诚服务职工群众的基本职责，把服务职工、维护职工合法权益的大旗牢牢掌握在手中，哪里的职工合法权益受到侵害，哪里的工会就要站出来说话。扎实做好维权服务工作，是工会落实以人民为中心的发展思想、践行全心全意为人民服务根本宗旨的必然要求。

党的十八大以来，全总和各级工会认真履行基本职责，推动修改《中华人民共和国工会法》、《中国工会章程》，将工会基本职责拓展为“维护职工合法权益、竭诚服务职工群众”。助力落实“六稳”、“六保”任务，深入细致做好职工就业创业服务，推动就业优先战略和积极就业政策落实落地。以货车司机、网约车司机、快递员、外卖配送员等为重点，出台推进新就业形态劳动者建会入会和权益保障工作的指导性文件，大力推行“重点建、行业建、兜底建”模式，推进互联网百强企业建会，2021年度全国互联网百强企业全部实现建会突破，工会组织覆盖和工作覆盖取得阶段性进展，推动解决了一批新就业形态劳动者的急难愁盼问题。做优做强送温暖、金秋助学、阳光就业、职工医疗互助、工会法律援助等工作，开展提升职工生活品质试点，将20家工会帮扶中心和50家企业（工业园区）纳入全总试点单位，各省（区、市）和新疆生产建设兵团总工会开展省级试点。加强服务职工阵地建设，建设“劳动者港湾”、“爱心驿站”等工会户外劳动者服务站点10.58万个，累计投入资金18.66亿元。将城市困难职工解困脱困作为重点工作，主动融入党政工作大盘子，通过建档立卡、精准施策、强化评估、压实责任等具体举措，推动549.87万户困难职工家庭全部如期实现解困脱困。贯彻落实党中央国务院《关于构建和谐劳动关系的意见》，推动健全党政主导的维权服务机制，努力把劳动关系矛盾化解在基层、化解在萌芽状态。贯彻总体国家安全观，坚决维护劳动领域政治安全，加强相关工作体系建设，健全劳动关系风险监测、分析、研判、预防机制和职工队伍稳定风险排查化解机制，促进职工队伍团结统一与社会和谐稳定。

党的二十大对保障和改善民生、扎实推进共同富裕作出重要部署，为工会围绕中心、服务大局，履行好维权服务基本职责提供了重要契机。新征程上，工会必须始终坚持以职工为中心的工作导向，不断深化自身改革和建设，保持和增强政治性、先进性、群众性，有效发挥党联系职工群众的桥梁纽带作用。积极参与涉及职工切身利益的法律法规政策的制定修改，推动健全劳动法律法规体系。推动落实就业优先政策，推动健全就业促进机制，加强困难群体就业兜底帮扶，推动完善工资平等协商机制、正常增长机制、支付保障机制，健全向一线职工倾斜的分配制度，推动提高劳动报酬在初次分配中的比重，在促进共同富裕中更好发挥工会作用。积极推动完善以职工代表大会为基本形式的企事业单位民主管理制度，依法保障职工知情权、参与权、表达权、监督权，在发展全过程人民民主中保障职工民主政治权利。加快构建以普惠性服务和精准帮扶为重点的工会服务职工体系，着力提升质量和实效。巩固拓展城市困难职工解困脱困成果，推动解困脱困与提升职工生活品质有效衔接，健全困难职工家庭常态化帮扶机制，不断提高职工群众的获得感、幸福感、安全感。增强忧患意识、坚持底线思维，发扬斗争精神、增强斗争本领，密切关注降薪裁员、欠薪欠保、劳资纠纷、生活困难等可能引发的突出风险，积极推进“法院+工会+人社+司法”四方联动机制建设，推动构建和谐劳动关系，在维护企业和社会大局和谐稳定中更好发挥工会组织作用。

党的二十大吹响了新时代新征程奋勇前进的号角。我们要进一步增强学习领会贯彻落实党的二十大精神的自觉性和坚定性，找准工会贯彻落实党的二十大精神的切入点、结合点、着力点，切实把党中央提出的战略部署转化为工会的实际行动，充分展示工会在推进中国特色社会主义事业中的新担当新作为。

（本文系全国人大常委会副委员长、中华全国总工会主席王东明同志在2022年12月16日《求是》杂志发表的署名文章）

目　录
CONTENTS

第一章　工会资产工作的产生和发展

工会资产工作的产生和发展，主要是回顾和总结工会资产工作的沿革和来历。新中国成立以来，工会资产工作历史可分为三个阶段，新中国成立到改革开放前为工会资产工作第一阶段，改革开放到党的十八大以前为工会资产工作第二阶段，新时代以来为工会资产工作第三阶段。回顾工会资产工作，主要是为了深刻认知工会资产的初心和使命，了解工会资产工作的发展和由来，从而更好地推动现阶段工作的开展。

第一节　新中国成立到改革开放前的工会资产工作（1949—1978）

新中国成立后，党和政府高度重视工人阶级和工会工作，支持工会兴办了很多职工文化教育和集体福利事业。这些事业和相应的设施，在不同的时期发挥了重要的历史作用，成为工会资产阵地的发端，为工会资产工作的开展打下了物质基础、组织基础和制度基础。

一、主要发展阶段

从新中国成立到改革开放前的工会资产工作，根据其形势和任务、特征的不同，可以分为以下几个发展阶段。

（一）蓬勃发展阶段（1949—1952）

国民经济恢复时期，在党和政府的大力支持下，工会在提高职工群众政治、文化、技术水平和改善职工物质、文化生活上做了大量的工作，职工文化教育和集体福利事业蓬勃发展，深刻地体现了工人阶级社会地位和面貌的改变。在创建职工文化场所方面，中央领导同志对此非常关心和支持，“北京市劳动人民文化宫”是毛泽东题名；天津市工人文化宫开幕时，周恩来送图书祝贺；“重庆市劳动人民文化宫”是邓小平题名；刘伯承给南京市工人文化宫题词“工人之家”；陈毅给上海市工人文化宫题词“工人的学校和乐园”。到 1952 年，全国工人文化宫（俱乐部）发展到 7239 个，其中基层工矿企业创办的有 6200 多个；工会举办的图书馆有 4544 个。在创建职工疗休养场所方面，国家将其作为集体劳动保险事业的重要组成部分，在政策和资金上对兴办疗养场所给予保障。中国工会七大之前，由国家直接投资与由企业奖励基金以及劳动保险基金举办的工人疗养院、休养所、托儿所、业余疗养所、养老院等集体福利事业，共有 3000 余处。在创建职工宣传教育场所方面，各级工会高度重视，陆续建立了工会的宣传阵地和干部教育、职业教育体系。1949 年 7 月，经中共中央批准，全国总工会决定把华北职工干部学校改组为中华全国总工会干部学校，各地工会也陆续建立了工会干部学校或干训班。到 1952 年，地方已经创办工会干部学校 59 所。1949 年 7 月，中华全国总工会机关报《工人日报》在原北平《大众日报》基础上创刊，毛泽东为报纸题写了刊头。工人出版社初期附属在工人日报社内，1951 年正式建立编制、独立经营，从 1949 年 9 月到 1953 年 3 月即出版书刊 339 种，发行 3557.4 万余册。

（二）整顿巩固、稳步前进阶段（1953—1959）

根据中央的指示和形势任务的变化，针对服务职工的场所存在的薄弱环节，工会对职工文化教育事业、劳动保险事业和职工互助储金等各项集体福利事业进行了整顿，突出了主业，充实了内容，提高了质量，强化了基层。如在整顿职工文化事业方面，坚持面向生产、面向基层、面向群众的工作方针，大力加强基层工作。全国工人文化宫（俱乐部）到1958年发展到31604个，其中基层车间、宿舍俱乐部有30675个；全国工会图书馆到1957年迅速发展到20142个，其中90%在基层。由工会管理使用的工人文化宫（俱乐部）、图书馆等已经成为群众文化体系的重要组成部分。如在整顿职工疗养事业方面，决定暂停一般疗养院的发展，明确职工疗养院应以医疗预防为主，有计划地发展了一批治疗肺结核和职业病的疗养院。到1956年，全国工会疗养院（所）有1450个，其中89%在基层。职工疗休养院（所）一般都建在海滨、湖畔、山麓等风景名胜地区，工矿企业的职工业余疗养所也是选择自然条件较好的地方。如在整顿职工集体福利事业方面，为解决职工生活中存在的问题，各级工会协助和督促企业进一步办好托儿站、幼儿园、理发室等集体福利事业，并在基层普遍开展整顿健全职工互助储金的工作。据不完全统计，在集中居住的职工家属中组织的互助组，1954年共有15718组，比1953年增加了50%。工会院校、工会报刊、职工学校在这一时期也得到了长足发展。到1955年，全国各省、自治区、直辖市总工会共举办工会干部学校24所，省辖市总工会共举办工会干校和训练班75所。到1954年，大行政区工会和省市工会公开发行的工人报刊有9家，还有相当数量的省市工会内部发行的工人报刊和工运刊物。1956年到1958年，职工学校在继续扫盲的同时，以进行初等到中等教育为主，一些地方工会开始举办职工业余大学。1955年底，厂矿企业举办的职工业余文化学校发展到9854所。

（三）调整、巩固、充实、提高阶段（1960—1966）

根据国家形势任务的变化，全国总工会贯彻勤俭办事业的方针，针对管理混乱等问题，开始对全国职工疗养、文化事业进行整顿，上收管理权限。在以生产为中心，生产、生活、教育三位一体的任务指引下，职工教育事业和场所得到很大的发展。如在职工文化事业方面，到1960年，全国职工文化活动场所发展达到高峰，全国文化宫（俱乐部）达到3.3万多个，工会图书馆达到74234个。在职工疗养事业方面，“文化大革命”前各地方工会管理的疗养院（所）共323所，床位50700多张，厂矿企业举办的疗养所、休养所为737所，床位2690多张。在职工教育场所方面，1959年到1966年，中央确定职工教育由工会负责办理，工会举办的职工学校形成了初具规模的从小学、中学、中专到大专的多层次办学体系；大部分地区已经形成了厂办、工厂联办、厂校联办、地区举办的职工业余教育网。“文化大革命”期间，中华全国总工会停止工作，职工文化教育活动场所和疗养院等工会资产阵地大多被占用，工会资产工作处于停滞状态。

二、主要特征

总的说来，这一阶段是工会资产的创建和发展时期，主要特征如下。

（一）党和政府对工会服务职工阵地建设高度重视

国家划拨了大量的土地、资产和资金，用于兴办职工文化教育事业和集体福利事业，为各级工会在这一阶段发挥作用提供保障，工会也十分重视职工文化教育事业和集体福利事业的发展。毛泽东十分重视职工的福利事业，指出生产长一寸，福利长一分。要在增产的基础上，逐步改善工人生活。刘少奇把提高工人阶级以及全体劳动人民的物质和文化福利作为工会工作的基本任务。李立三认为，工人文化宫等职工文化场所的建设，表明工人阶级在文化上翻身了，文化教育首先成为一种社会主义国家的国民权利，把争取在增加生产的基础上逐步改善工人生活作为工会的基本任务之一。赖若愚把发展职工福利事业作为教育吸引诱导说服群众的载体，批评不关心工人生活疾苦的官僚主义作风，并十分重视以职工互助方式解决集体福利事业问题。

（二）这一时期工会资产的性质主要体现为行政事业性资产，大量集中在举办职工文化教育和生活福利事业所必需的场所和设施上

主要表现形式：一是加强思想政治和文化技术教育的工人文化宫、俱乐部、图书馆、电影放映队等。二是为提高职工队伍素质和能力而举办的政治文化技术训练班、职工学校、工人政治大学、职工干部学校以及职业介绍所等。三是直接为培训工会干部和积极分子服务的设施，如工会干校等。四是作为宣传舆论阵地的各类工会报刊和机构，如《工人日报》、《中国工运》、中国工人出版社等。五是劳动保险事业及相关福利设施，如职工医院及工人疗养院、业余疗养所、休养所等。六是与职工生活密切相关的福利设施，如互助储金会、住宅、托儿所、幼稚园、养老院、食堂、理发室等。

（三）这一时期工会资产主要来源于党政的划拨、拨款，主要是服务性资产，经营性较弱，具有浓厚的计划经济色彩

1950 年《工会法》、1951 年《劳动保险条例》等在法律上对举办职工集体福利事业的房屋、设施和经费来源做了规定。这一阶段工会资产工作的主要目的是为职工提供服务，核心是管理和使用好工会资产，而不是经营和监督，并特别强调了福利与生产的辩证关系问题，指出集体福利事业应根据必要与可能实事求是地去做，不能离开生产、脱离实际去搞福利。

三、重要会议和文件

（一）中国工会七大对工会资产工作的要求

1953年5月，中国工会七大在北京召开，刘少奇代表中央作祝词，赖若愚向大会作报告。祝词指出，必须经常地、密切地关心工人群众的生活状况，在增加生产的基础上，按照必要与可能逐步改善工人的物质与文化生活和工人的工作条件。提高工人阶级以及全体劳动人民的物质和文化福利，并使我们国家不致受到外国帝国主义的侵略，这就是我们国家发展工业以及其他一些措施的最后目的。大会报告指出，工会工作的任务之一是在发展生产的基础上，逐步地改善与提高工人群众的物质生活与文化生活。并批评了不关心工人生活疾苦、漠视工人群众日益高涨的文化要求的官僚主义作风。工会工作的另一个重要任务是在工人中进行系统的政治、技术、文化教育。要充分利用俱乐部与文化宫作为进行教育群众的场所，开展体育活动，把满足工人群众的休息和正当娱乐的要求与政治、技术、文化教育结合起来。同时，要把有计划地培养与训练积极分子和干部的工作提到更加重要的地位上来，加强在职干部教育。

（二）中国工会八大对工会资产工作的要求

1957年12月，中国工会八大在北京召开，刘少奇代表中央作祝词，赖若愚向大会作报告。祝词指出，工人阶级要坚持勤俭建国、勤俭办企业、勤俭办一切事业的方针；强调工会工作者要善于处理生活和福利、长远利益和目前利益的关系。大会报告指出，通过各种活动和各种事业，工会同广大工农群众建立了密切的联系，成为教育群众、建设祖国的坚强的社会力量。工会的工作任务之一是要从全局出发，逐步改善职工生活。要按照因地制宜、改善管理、克服浪费的原则，贯彻为生产服务、为群众服务的方针，切实办好工会各项事业。强调要积极发展互助储金会等职工互助事业。工会工作的另一个重要任务就是加强对职工的政治、文化、技术教育，组织职工的文化、体育活动。强调要发挥业余技术学校的作用，继续改进和充实工会的图书馆、俱乐部的活动内容，发挥电影放映队的作用，开展群众性的体育运动，克服锦标主义现象。

（三）《工会法》关于工会资产工作的规定

1950 年 6 月颁布的《工会法》中明确规定："各级政府应拨给中华全国总工会、产业工会与地方工会以必要的房屋与设备"，"工会经费……应按所雇全部职工实际工资总额的百分之二，按月拨交工会组织作为工会经费（其中实际工资总额的百分之一点五为职工文化教育费）"。

（四）关于创建和发展职工文化事业方面的有关规定

1950 年 1 月，全国总工会第二次常委会扩大会议通过《一九五〇年加强工人政治文化技术教育的指示》，要求各地根据职工人数建立起相应的工人俱乐部、图书馆、工人剧院及业余剧团。1950 年 8 月，全国总工会召开全国第一次工会俱乐部工作会议，制定了《工人文化宫、俱乐部的组织条例、工作条例和选举条例》，对工人文化宫、俱乐部的性质、任务、主要工作、领导和经费等问题作出了具体规定。1954 年 6 月，全国总工会和文化部联合发出《关于加强厂矿、工地、企业中文化艺术工作的指示》。1954 年 1 月，中共中央在《关于加强人民体育运动的指示》中指出，工会应具体领导厂矿、企业中的体育工作，使之得到正常开展。全国总工会随即发出《关于开展厂矿企业中体育运动的指示》。11 月，全国总工会同国家体委联合召开全国职工体育工作会议，通过了《关于开展职工体育运动暂行办法纲要》、《职工体育协会暂行组织条例》，并决定

1955年在北京举行第一届全国工人运动大会。从1954年起，全国总工会开始对职工文化体育教育事业进行整顿，主要内容是加强领导，改善管理，增强职工文化事业的群众性，并提高思想性。1955年，全国总工会分别召开第一次工会图书馆工作会议和第二次俱乐部工作会议，制定了《关于工会图书馆工作的规定》，确定了图书馆、俱乐部面向基层，为生产服务、为群众服务的方针。1962年5月，全国总工会党组在《关于四年来全总工作的初步检查和今后改进意见》中明确，要整顿工会的文化事业，主要内容是上收工人文化宫、俱乐部的管理权限，属于地区性较大的文化宫、俱乐部，原则上都应由市和大市的区直接管理；已经停顿的场所应根据实际需要，积极恢复活动。

（五）关于创建和发展职工教育事业方面的有关规定

1950年3月，原劳动部和全国总工会拟定《关于开展工人业余教育的指示》。4月，全国总工会在北京召开第一次全国职工业余教育会议，集中研究解决职工教育的方针、组织、学制、教材及经费等问题。9月，教育部和全国总工会在北京召开第一次全国工农教育会议。毛泽东、朱德等党和国家领导人接见了与会代表。1955年2月，全国总工会、教育部、原高等教育部在北京召开全国职工业余文化教育和全国工农速成中学教育会议，提出要紧密结合工业生产的发展，认真办好职工业余中学和小学。12月，全国总工会和教育部在北京再次召开全国职工业余教育工作会议，提出要系统地正规地开展职工业余教育，举办各级职工业余学校，建立正规职工业余教育体系。从1956年开始，职工业余教育由工会移交给政府教育部门及企业行政主管。1959年3月，国务院在北京召开全国工矿企业职工教育工作会议，会后，中央批转了国务院《关于当前工矿企业职工教育中几个问题的报告》，指出职工教育工作应该在党委领导之下由工会负责办理。7月，全国总工会决定成立教育部，负责办理职工教育的日常工作。地方工会也陆续建立了职工教育工作机构。1960 年 1 月 6 日至 18 日，全国总工会会同教育部、共青团中央、全国妇联等有关部门在哈尔滨召开关于全国职工业余教育黑龙江现场会议，研究了职工业余教育的任务和发展规划。中共中央批转了全国总工会报送的会议报告。1961 年 9 月和 10 月，全国总工会分别在杭州和北京召开职工业余教育工作座谈会，提出当前和今后一个时期，职工业余教育工作总的要求是“鼓足干劲，实事求是，巩固提高，稳步发展”。1962 年 8 月，全国总工会在青岛召开职工业余高等教育工作座谈会，研究职工业余高等学校的调整、巩固和提高教学质量的问题。同年，全国总工会还会同有关部门制定并发出《关于企业职工业余教育经费开支问题的通知》，划分了工会和企业行政在职工业余教育经费上的开支范围。1963 年，全国总工会制定了《关于企业职工业余学校专职工作人员配备的暂行规定》。同年 12 月下旬至 1964 年初，全国总工会和教育部在北京联合召开全国职工业余教育工作会议，要求职工业余教育继续做好调整、巩固、充实、提高的工作，中共中央后来批转了这个会议的报告。1966 年 4 月，全国总工会在福州召开全国职工业余教育经验交流会，提出了“为革命而学，为革命而教，为革命而办好职工业余学校”的口号。

（六）关于创建和发展职工疗养事业方面的有关规定

1951 年，原政务院通过《劳动保险条例》，明确规定劳动保险金的来源、分配和用途，以及集体劳动保险事业的主办者和内容。1954 年 2 月，政府决定把劳动保险事业划归工会统一管理。3 月到 4 月，全国总工会召开第一次全国工会劳动保险工作会议，进一步明确劳动保险必须坚持为群众服务、为生产服务的方针。4 月，全国总工会发布《中华全国总工会关于工会疗养事业若干问题的暂行规定》，明确规定工会举办的疗养事业是医疗预防机构。6月，原劳动部和全国总工会联合发出关于劳动保险移交工会统一管理的通知，原劳动部管理的劳动保险业务均移交全国总工会接办。同年全国总工会下发《关于中华全国总工会设立集体劳动保险事业管理局的通知》，明确全国总工会设立集体劳动保险事业管理局、管理疗养院等集体劳动保险事业。从1954年起，全国总工会开始整顿集体劳动保险事业，主要内容是改善疗养院的管理，提高治疗效率，同时严格控制疗养事业的基本建设，停办一般性的疗养院和休养所，发展具有医疗预防性质的疗养院等。1955年8月2日，中共中央批转全国总工会党组《关于工会疗养事业工作情况的报告》，同意全国总工会关于整顿疗养事业的意见。1956年5月，全国总工会在北京召开全国工会劳动保险、生活住宅会议。会议代国务院草拟了《有关当前职工生活中若干问题的决定》。周恩来接见了出席会议的代表。1958年8月6日，全国总工会八届二次执委会通过《中华全国总工会关于改变劳动保险工作与集体劳动保险事业管理的决议》，决定将全国总工会与产业工会全国委员会管理的劳动保险财务、集体劳动保险事业及劳动保险日常工作中具体问题的处理，下放由省、市、自治区工会统一管理。1962年5月，全国总工会党组在《关于四年来全总工作的初步检查和今后改进意见》中明确，要整顿工会的疗养事业，主要内容是逐步收回已经下放的疗养院管理权限，现有的疗养院原则上应由省、市、自治区总工会集中管理。1963年1月，全国总工会下发《关于改进劳动保险和疗养事业管理的暂行规定》，明确基层以上工会举办的疗（休）养院等集体劳动保险事业由全国总工会统一领导，由省、市、自治区总工会具体管理，并特别强调了工会举办的疗休养事业，今后凡资产转移，改变性质或改作其他用途的，均应请全国总工会批准。1964年2月，全国总工会下发《关于工会疗养事业的情况和今后的意见》，提出工会系统疗养事业必须认真贯彻勤俭建国，勤俭办一切事业的方针；要充实疗养院（所）的领导干部力量；重申有条件的休养所要尽可能改为疗养院；挖掘潜力、提高疗效、降低成本。

第二节　改革开放到党的十八大以前的工会资产工作（1978—2012）

党的十一届三中全会召开以后，经过思想上、政治上、组织上的拨乱反正，工会运动开始恢复。随着社会主义经济体制建立和完善，改革开放和社会主义现代化建设对工会工作提出新要求，工会资产工作逐步转型发展，并初步建立了“统一所有、分级监管、单位使用”的工会资产监管体制和工会资产监管体系。

一、主要发展阶段

改革开放以来特别是1992年大力兴办工会企事业以来，工会资产工作得到了恢复和发展，实现了历史性大转变，沿着正确的方向前进。这一时期，可分为以下四个阶段。

（一）恢复工会经济事业阶段（1978—1992）

1977年8月，党的十一大报告提出，“要加强党对工会、共青团、妇联等群众组织的领导，把这些组织整顿好、建设好，充分发挥他们应有的作用”。1978年4月，全国总工会八届七次执委扩大会议召开，这是全国总工会因“文化大革命”停止工作以后召开的第一次执委会议，标志着全国总工会开始全面恢复工作。各级工会陆续恢复了对工会资产工作的领导和管理，恢复和发展职工文化技术教育，举办多种形式的职工学校，发展工人文化宫、俱乐部，办好职工疗养休养事业，广泛开展群众性生活互助互济活动。1988年11月，为贯彻党的十三大提出的社会主义初级阶段的基本路线，经全国总工会十届六次执委会议审议通过后印发了《工会改革的基本设想》，确定了工会改革的基本框架，文件第八部分为“兴办工会经济事业”，提出“工会利用自己筹集的各种资金，可以举办职工消费合作社、职工旅游事业、互助基金会等为职工服务的经济事业”，“工会兴办的为职工和社会服务的文化、体育、教育、福利以及技术协作、技术扶贫和推广新技术等事业，应享受国家给予社会同类事业的优惠政策”。

（二）大力兴办工会企事业阶段（1992—1998）

1992 年 4 月，由七届全国人大五次会议通过的《工会法》正式颁布实施，为实现工人阶级和工会的各项权利提供了坚实的制度基础和法律保障。为贯彻 1992 年邓小平同志南方谈话和党的十四大精神，根据中央关于工会工作要围绕经济建设这个中心，多为企业和职工以及整个社会办好事、办实事，大力兴办为职工服务的第三产业的指示精神，全国总工会明确提出，发展工会企事业，是工会适应我国经济发展和改革开放新形势，推动工会工作进入经济和社会发展广阔领域，强化工会桥梁纽带作用的一项战略性任务，要摆到工会工作的重要位置，全面启动，迅速发展。全国各级工会抓住时机，乘势而上，积极探索建立适应社会主义市场经济要求的新的工会企事业体制和经营机制，体现工会特色、发挥工会优势，以第三产业为主体，重点发展以职工住宅合作社、消费合作社、职工信用社、职工互助补充保险等为代表的工会企事业，帮助职工排忧解难，直接解决职工就业问题，为职工提供良好的服务，工会企事业呈现了前所未有的蓬勃发展好势头。在此期间，全国总工会事业发展部按照国家关于建立第三产业统计标准和统计指标体系的要求，结合工会特点建立了工会企事业的统计标准和统计指标体系。

（三）发展职工劳动福利事业阶段（1998—2005）

1999 年，全国总工会十三届二次执委会将工会兴办的各类企事业统一改称为职工劳动福利事业。2003 年中国工会十四大以后，在党和政府有关部门的重视与支持下，工会财务实行工会经费收缴改革、委托税务代收、财政拨款的行政事业单位工会经费由财政统一划拨、收取建会筹备金等“一改三策”，加强工会企事业单位资产监督管理，实现工会资产保值增值，取得明显效果。全国总工会党组、书记处高度关心、重视和支持工会资产工作，要求各级工会加强工会资产管理，明确提出：“各级工会的资产是属于工会的社团资产，全国总工会及各级工会都应认真负责地管理好。”“要明确产权性质，办劳福事业的目的、目标，研究并明确新形势下的经营管理方式，总之资产应全国总工会所有、分级管理，资产应保值增值，应服务工会、服务职工、服务社会。要适应新形势，研究符合社会主义市场经济原理的管理办法。总之，要在明确原则和规范的基础上办好工会的劳动福利事业，要有考核办法。”各级工会学习借鉴国有资产管理体制改革和国有企业监管的方针、政策及成功经验，积极稳妥地推进职工劳动福利事业的改革和结构调整，提高工会资产的质量效益，提高工会资产的监督管理水平。

（四）推进工会资产监管体制改革，初步建立资产监管体系阶段（2005—2012）

这一阶段，全国总工会着力推进工会资产监管体制改革，工会资产监管的组织体系基本建立，工会企事业及资产在市场经济环境下持续发展壮大。在管理体制方面，2005 年以来，全国总工会确定了以工会“统一所有、分级管理、单位使用”为原则的工会企事业资产管理体制框架，全国总工会、各省级工会及部分地市级工会设立了资产监管机构。在制度建设方面，全国总工会相继出台了工会资产处置、资产损失责任追究等制度和办法，各地方工会结合本地实际制定了实施细则和相关配套制度，提高了资产监管工作制度化和规范化水平。在工会企事业资产发展方面，随着工会经费不断增长，经费总量不断扩大，各级工会从工会职能出发，积极争取党委和政府从政策、土地、资金等方面给予大力支持，加大投入，新建扩建了一批劳模疗休养基地、工人文化宫等为职工服务的设施和场所。在产权管理方面，工会资产产权管理工作进一步加强，资产统计和产权登记得到加强，加大资产保护力度，严把资产处置关，有效地防止了工会资产流失。

二、主要特征

随着我国经济体制改革逐步深入，工会资产工作主要特征有以下五个方面。

（一）在党和国家大局、工会工作全局中逐步明确了工会资产工作工会的方向，明确了“三服务”宗旨

各级工会顺应国家经济改革和加快发展第三产业的需要，从兴办职工教育、文化、体育、卫生、疗养、保险等传统服务事业，稳步发展为职工服务的经济事业，过渡到大力兴办工会企事业，发展职工劳动福利事业。1989 年 8 月，全国总工会召开了工会经济事业座谈会，讨论了工会兴办经济事业的理论政策和实际问题。《全国总工会经济事业座谈会会议纪要》中明确了工会兴办经济事业必须坚持“三服务”宗旨，即为职工群众服务，为推进工运事业服务，为发展社会生产力服务。

各级工会通过兴办一大批为职工和居民服务的商业网点，有效地补充了第三产业的不足，缓解了社会供需矛盾，帮助一批有特殊困难的职工摆脱困境，安置了待业人员和富余人员，促进了企业劳动制度改革，促进了社会生产的发展，活跃了社

会主义商品经济。同时，也改变了工会在经济上单纯依靠行政的被动局面，为工会独立自主地开展工作创造了物质条件。

（二）在工会资产工作实际中逐步健全完善了从分散到集中的监管工作体系，明确了工会资产的专门管理机构

传统工会资产管理大多是分散管理，各类工会企事业单位分归不同部门管理，组织人事部门分管企事业单位经营者的任免，财务部门分管资产登记和处置，宣教部、保障部、海员工会和事业部等多个部门分别管理职工文化事业、职工疗休养事业、海员俱乐部、职工互助合作事业等。1989 年 4 月，经全国总工会十一届书记处第十九次会议研究决定，全国总工会成立事业发展部，主要任务是疏通政策、调节资金、加强管理、培训干部、交流经验、宏观指导。1995 年，全国总工会办公厅印发《关于在机构改革中加强工会企事业管理机构建设的通知》，明确“工会事业发展部是工会企事业综合管理部门，直接承担对工会企事业规划、指导、管理、协调、监督和服务的职能”。此后，工会资产管理逐步向集中管理过渡，各级工会成立一个由主要领导负责的工会资产管理专门管理机构，对本地区工会企事业实行统一归口管理。

（三）在大力兴办工会企事业实践中逐步从全面发展各类工会企事业转变为重点发展三大服务领域

1994 年 7 月，全国总工会、原国家计划委员会印发《全国工会企事业发展规划基本思路》，提出统筹协调各级各类工会企事业的健康发展，在职工生活服务业、职工劳动就业服务业、职工保险福利业、职工教育文化体育事业、职工住房合作社、职工科技服务业、职工信息咨询服务、职工城市信用社和职工基金会、职工旅游业发展综合利用、资源再生等节约型经济等十个领域重点发展。在这一时期，基层工会根据本单位实际情况，自主决定办不办、办什么和怎么办劳福事业。随着中央从

战略上调整国有经济布局，工会企事业发展按照中央“坚持有进有退，有所为有所不为”的要求，主动从工会非优势的竞争性行业中退出来，主要是缺乏特色和优势、市场化程度较高、与工会职能联系不紧的、没有竞争力的工会企事业；坚持工会特色，遵循经济规律，贴近职工群众，集中力量重点扶持易于发挥工会组织优势的工会企事业，经过多年来的调整优化结构布局，逐渐形成职工文化教育体育事业、职工疗休养事业和职工互助保障事业三大领域。职工文化教育事业的资产阵地主要是工人文化宫（俱乐部）、工会干部院校、职工学校、工人体育场馆、工会新闻报刊等；职工疗养事业的资产阵地主要是工会疗休养院、海员俱乐部、职工旅行社等；职工互助保障事业的资产阵地主要是职工互助保障组织、职工服务（帮扶）中心等。各级工会积极争取党委和政府在土地、资金以及政策等方面的大力支持，围绕三大服务领域配置资源，工会企事业服务职工的能力和水平得到了提高。从实践看，工会企事业在三大服务领域集中，符合工会的职责定位，符合职工的实际需求，符合国家的法律政策要求，符合当前的形势任务。

（四）工会资产的物化形式更多地体现为各类工会企事业服务阵地

历史上政府将一部分房屋、土地交给工会使用，这些资产大部分是工人疗养院、工人文化宫、职工学校等，工会资产构成主要是房屋、土地等存量资产。工会兴办企事业，前期主要是县、市以上工会兴办“职工之家”和旅行社，基层工会兴办食品和百货小卖部、餐厅、招待所、理发馆、浴池、缝纫社、托儿所、幼儿园等服务性企事业等。由于工会兴办企事业不以营利为目的，它和一般意义上的企事业有着本质区别，是为职工服务的劳福事业，所以国家对工会兴办企事业未加以限制。在国营、集体企业产权制度改革过程中，工会企事业产权制度改革也开始起步，各级工会的资产产权意识逐步增强，工会企事业单位依法自主经营，照章纳税，对所有者的净资产承担保值增值责任。由于市场竞争加剧、自身素质不一等多方面的原因，部分工会企事业在发展过程中遇到了不少困难，有的效益低下，有的停业，有的破产，出现了一定数量的出租出借行为。

（五）工会企事业改革发展取得积极进展，工会资产发展质量和效益得到提高

随着社会主义市场经济体制的建立和完善，各级工会普遍推动工会企事业改革发展，提高工会企事业自我发展和服务职工能力。全国总工会层面加强了政策指导，一些地方工会制定了工会企事业发展规划，有力地指导了本地区工会企事业改革发展。工会事业单位的分类改革也在积极稳妥推进，一些地方积极探索工会企事业用工、薪酬、经营管理等方面改革，充分调动职工积极性，取得了很好的经营管理效益。部分地方工会还成立了工会企业集团，探索工会企业和事业单位分类管理的机制，取得了有益的经验。经过各级工会的努力，工会资产不断发展壮大，运营质量和效益不断提高，工会企事业增强了发展实力和竞争能力。

三、重要会议和文件

（一）中国工会九大对工会资产工作的要求

1978 年 10 月，中国工会九大在北京召开。大会报告指出，要加强对工人群众的政治教育和文化技术教育，大力办好职工业余中学、业余大学以及各种专题的业余学习班，要利用工人文化宫、俱乐部、图书馆等阵地，督促和帮助企业行政、地方行政在可能的范围内，努力改善工人的劳动条件、居住条件、饮食条件和卫生条件，积极组织群众的互助互济活动，做好劳动保险工作，办好职工疗养事业，尽一切可能改善广大职工的

物质和文化生活。中国工会九大通过了修改《中国工会章程》的决议，在第五章“经费”中，明确了“工会举办的各种文化、体育事业的收入”是工会经费的四个来源之一。中国工会九大以后，《工人日报》复刊，全国总工会干部学校复校开学，全国总工会经与财政部商定，恢复了工会经费独立的制度。

（二）中国工会十大对工会资产工作的要求

1983 年 10 月，中国工会十大在北京召开。大会报告指出，随着工会工作的恢复和发展，各级工会干部学校培训了大批工会干部和积极分子，工会举办的文化宫、俱乐部和职工学校有了较大发展，工会积极恢复职工疗休养事业，《工人日报》和各级工会举办的报刊，已成为教育职工、反映职工呼声和交流工会工作经验的重要工具。要求加强各级工会干部学校的建设，全国总工会干部学校应逐步办成以培养县以上工会的领导骨干为主的工运学院；注意维护职工正当的劳动保险和生活福利待遇，实行集体福利事业民主管理，办好食堂，办好澡堂，办好托儿所，广泛开展以班组为基础的群众互助互济活动，为群众排忧解难。中国工会十大修订的《中国工会章程》，明确了全国工会是一个统一的整体，各级工会既要在同级党委的领导下积极主动、独立负责地开展工作，又要接受上级工会的系统领导，并进一步明确了工会经费的四个来源之一是“工会举办的事业的收入”。

（三）中国工会十一大对工会资产工作的要求

1988 年 10 月，中国工会十一大在北京召开。大会报告指出，工会应当充分利用自身的组织优势和人才优势，办好文化福利和经济事业，增强工会的吸引力和凝聚力。各级工会都要关心职工生活，加强职工劳动保险工作，开展互助互济活动和扶贫工作，发动职工举办住房合作社、互助保险等福利事业，举办职工旅游、职工消费合作社、互助基金会等经济事业，举办有利于安置富余人员就业的经济实体，兴办为职工和社会服务的文化、体育、教育、福利等事业，以及有偿技术服务事业。工会经费、财产及文化福利设施依法自行管理，任何组织和个人都不能侵占、挪用或划归政府部门、行政方面管理。

（四）中国工会十二大对工会资产工作的要求

1993 年 10 月，中国工会十二大在北京召开。大会提出要坚定不移地贯彻执行党的基本路线，更好地表达和维护职工群众的具体利益，全面履行好工会各项职能，充分发挥民主渠道和社会调节作用。中国工会十二大修订的《中国工会章程》，充实了工会经费和财产管理的内容，明确了工会经费的来源包括“工会所属的企业、事业上缴的收入”，“工会经费、财产和国家及企业、事业单位拨给工会的不动产受法律保护，任何单位和个人不得侵占、挪用和任意调拨；不得随意改变工会所属企业、事业的隶属关系”。《中国工会章程》还对中国工会会徽的造型、寓意和使用范围作出了规定。

（五）中国工会十三大对工会资产工作的要求

1998 年 10 月，中国工会十三大在北京召开。大会报告指出，过去五年各级工会兴办的经济实体、职业介绍与培训机构、解困市场、职工互助补充保险业和职工消费合作社等企事业，在服务职工、帮助下岗职工再就业等方面发挥了积极作用。在今后工作中，要积极稳妥地发展工会企事业，坚持三服务宗旨，积极发展为职工服务的消费合作社、互助保险、住宅合作社和劳动就业服务业，工会文化和疗休养事业要坚持“以事业养事业，以事业发展事业”，探索并逐步建立起以职工社会化综合服务和职工福利保障为重点的有中国特色的工会社团产业体系。

（六）中国工会十四大对工会资产工作的要求

2003 年 9 月，中国工会十四大在北京召开。大会报告指出，过去五年各级工会为职工办实事、做好事取得明显成绩，兴办一大批困难职工帮扶中心、职业介绍机构、职业培训机构和解困贸易市场、再就业基地，工会促进再就业工作成效明显；建立帮扶困难职工快速反应系统，职工互助合作保险等职工劳动福利事业不断发展。在今后工作中，要搞好工会宣传、教育和文体活动阵地建设，结合工会特点，发挥自身优势，大力加强职业培训；切实关心和爱护劳动模范，通过建立劳模基金、劳模疗养休养基地等，切实帮助他们解决工作、学习和生活中的困难；推进工会信息化建设，加强工会信息统计工作和基础工作；依法收好、管好、用好工会经费，加强工会资产管理。

（七）中国工会十五大对工会资产工作的要求

2008 年 10 月，中国工会十五大在北京召开。大会报告指出，过去五年工会资产监督管理工作取得新进展，工会企事业取得新发展，工会组织服务基层、服务职工的能力显著增强。在今后五年的工作中要推进工会企业、事业单位改革发展，工会资产保值增值。在中国工会十五大上通过的《中国工会章程（修正案）》中，将工会资产定性为社会团体资产，将工会资产管理体制内容写入工会章程，提出“中华全国总工会对各级工会的资产拥有终极所有权”；明确了工会资产“统一所有、分级监管、单位占有使用”以及“工会资产的管理和使用办法由中华全国总工会制定”等重要原则。

（八）全国工会企事业工作会议和全国工会资产监督管理工作会议

为贯彻 1992 年邓小平同志南方谈话和党的十四大精神，1992 年 8 月，全国总工会在上海召开第一次全国工会企事业工作会议，会议明确，要从改革开放和经济发展的全局，充分认识发展工会企事业是工会工作的一项战略任务。此后，全国总工会于 1993 年在山东临沂、1994 年在吉林长春、1995 年在天津、1997 年在北京相继召开了四次全国工会企事业工作会议，就工会企事业发展的性质和特征、管理体制、经营机制、产业结构、发展战略等一系列问题提出了指导性意见，围绕国家第三产业发展“三大体系”的总体目标，提出以职工社会化综合服务和社会保障为重点，调整产业结构，大力振兴支柱产业，走“小而精”、“小而特”的发展路子。2011 年 9 月 19 日，全国总工会在北京召开第六次全国工会资产监督管理工作会议。会议要求各级工会抓住机遇，开拓创新，大力推动工会资产和企事业科学发展，明确发展战略，创新发展思路，坚持特色化发展，形成规模化优势，实现市场化、专业化和集约化发展等。

（九）关于工会兴办企事业方面有关规定

1985 年全国总工会、原商业部、原国家经委、原国家工商局、财政部、原国家旅游局等六单位联合印发《关于工会举办为职工服务的第三产业的通知》，明确工会可以本着微利原则，自主经营、独立核算，兴办一些企业和新的事业。1988 年全国总工会印发《中华全国总工会关于兴办工会企事业的意见》，提出工会兴办企事业，是为了调动广大职工群众的积极性，为职工排忧解难，更好地为职工群众服务；开辟工会新财力，增强工会财力，为推进工运事业服务；促进商品生产，活跃商品经济，为发展社会生产力服务。1989 年 12 月，《中共中央关于加强和改善党对工会、共青团、妇联工作领导的通知》明确提出“支持工会、共青团、妇联依照法律和各自的章程独立自主地开展工作”，要求各级政府应将职工、青少年、妇女儿童活动设施的建设列入城乡建设总体规划，允许工会、共青团、妇联兴办一些为职工、青年、妇女服务的、公益性的、不以营利为目的的企事业。

（十）关于工会资产监管体制改革方面有关规定

2004 年 11 月 19 日，全国总工会书记处会议决定，成立职工劳动福利事业资产监督管理委员会，对全国职工劳动福利事业资产实行统一管理。2005 年 5 月 8 日，全国总工会书记处会议原则通过工会资产监督管理委员会组建方案。8 月 1 日，全国总工会召开全国总工会工会资产监督管理委员会成立大会，会议将职工劳动福利事业恢复称为工会企事业。2006 年，经全国总工会书记处研究决定，中央机构编制委员会办公室批准，全国总工会事业发展部更名为中华全国总工会资产监督管理部，作为全国总工会工会资产监管机构。3 月 1 日，全国总工会办公厅发出《关于成立中华全国总工会工会资产监督管理委员会的通知》，要求各级工会建立健全工会资产监督管理机构。

（十一）关于工会资产监管制度建设和产权基础管理方面有关规定

自 2006 年开始，全国总工会资产监督管理部每年向全国总工会经费审查委员会报告全国工会资产管理状况和资产监管工作。2007 年，全国总工会制定《中华全国总工会本级企事业单位资产监督管理暂行规定》和《中华全国总工会关于工会企事业单位资产监督管理的暂行规定》。4 月 18 日，全国总工会在北京召开了“学习物权法，做好工会资产产权登记暨资产统计工作会议”。同年，全国总工会资产监督管理部开始统一印制《中华全国总工会工会资产产权登记证》。2009 年，全国总工会资产监督管理部出台《工会企事业单位资产处置暂行办法》。2011 年，全国总工会印发《工会企事业单位资产损失责任追究暂行办法》。同年，出台《关于推进工会企事业改革与发展的意见》。2012 年，全国总工会出台《关于做好工会事业单位分类改革工作的指导意见》。

（十二）关于职工教育文化事业方面有关规定

1981 年中共中央、国务院作出《关于加强职工教育工作的决定》，职工教育工作的领导体制从 1959 年以来实行的工会主办，转变到各行业、各企业都由行政主管上来。1987 年全国总工会相继发出《关于改革和加强工会职工教育工作的意见》、《关于改革和加强职工业余大学工作的意见》、《工会系统职工业余大学工作条例》，规范工会系统职工教育事业。全国总工会于 1988 年发出《关于进一步加强和改革工会干部教育工作的意见》，2001 年印发《中华全国总工会关于进一步加强工会干部院校建设的决定》，加强工会干部院校建设。1983 年全国总工会发出《工人文化宫、俱乐部工作试行条例》，在北京召开第三次全国工会文化宫、俱乐部工作会议，提出要积极加强文化宫、俱乐部事业建设，此后，全国总工会于 1987 年、1990 年、1993 年相继召开了三次全国工会文化宫、俱乐部工作会议，加快和深化职工文化事业改革。1997 年、2005 年全国总工会分别印发《中华全国总工会关于进一步加强县以上工人文化宫、俱乐部建设的若干意见》、《中华全国总工会关于推进地方工人文化宫俱乐部改革与发展的意见》，明确提出全国总工会对工人文化宫俱乐部享有终极产权，实行归口管理，实施分类指导，工人文化宫俱乐部的资产统一归口工会资产监督管理委员会监督管理，工会宣教部代表主管工会实施业务指导和协调服务。

（十三）关于职工疗养和保障事业方面有关规定

1979 年全国总工会、卫生部、原国家医药管理总局联合印发《关于恢复与加强职工疗养事业管理工作的通知》，1979 年、1981 年全国总工会两次向国务院呈报《恢复工人疗养事业存在的问题和我们的意见》，并于 1981 年 12 月在北京召开“文化大革命”后的第一次全国工会疗养事业工作会议，恢复和发展职工疗养事业。1980 年全国总工会印发《关于颁发〈工会疗养院工作条例〉（试行）稿的通知》，1982 年全国总工会印发《关于整顿加强工会疗养院工作的意见》、《关于职工疗养事业的恢复、建设问题和加强管理的意见》，1985 年全国总工会印发《关于进行工会疗休养事业规划的通知》及《工会疗休养事业规划纲要》，1989年全国总工会发出《关于印发〈工会疗养院休养院（所）院长（所长）工作条例（试行）〉的通知》，加强工人疗休养院管理。1985年《关于职工疗养休养事业体制改革的决定》印发，这是我国职工疗休养事业改革的第一个文件，此后，1990年全国总工会印发《关于职工疗休养事业深化改革几个问题的决定》，1995年全国总工会印发《关于职工疗休养事业面向市场深化改革的决定》，深化职工疗休养事业改革。1992年中国职工保险互助会成立，全国总工会分别于1994年印发《关于加强职工互助保险组织管理的通知》，1995年印发《关于加快全国职工互助保险事业发展的意见》，1996年印发《中国工会职工互助补充保险试行办法》，规范职工互助保障事业发展。

第三节　党的十八大以来的工会资产工作（2012年至今）

党的十八大以来，中国特色社会主义进入新时代。各级工会认真学习贯彻习近平新时代中国特色社会主义思想特别是习近平总书记关于工人阶级和工会工作的重要论述，认真学习贯彻中央党的群团工作会议精神，按照中央关于工会组织和工会工作要保持和增强政治性、先进性、群众性的要求，切实加强和改进工会资产工作，工会资产工作进入新的发展阶段。

一、主要任务

党的十八大以来，全国总工会高度重视工会资产工作，围绕加强和改进工会资产工作作出一系列决策部署，包括工会资产工作的指导思想、基本原则、目标任务、方法途径、制度建设、体制保障等各个方面。这一阶段工会资产工作的主要任务体现在：一是自觉以习近平新时代中国特色社会主义思想指导工会资产工作，准确把握工会资产工作正确的政治方向，坚持在党和国家工作大局中谋划工会资产工作。二是在工会系统改革创新过程中加强和改进工会资产工作，把工会资产工作纳入工会改革的重要内容，在增强“三性”、去除“四化”方面充分发挥工会资产工作的重要作用。三是坚持工会资产服务职工的根本宗旨，在全国范围内集中开展工人文化宫、工人疗休养院清理整改工作，突出工会资产的公益性服务性。四是把工会资产监督管理工作和工会企事业改革发展工作统筹起来，把工作重点放在职工服务阵地建设管理方面，努力提高工会资产工作整体水平。五是建立健全统一、科学、有效的工会资产监督管理体制，坚持和完善组织体系、制度体系、工作体系，把制度建设摆在更加突出位置。六是贯彻落实新发展理念，聚焦发展工会企事业三大服务领域，推动各级各类工会资产实现高质量发展。七是把坚持工会企事业发展的公益性方向和深化体制机制改革结合起来，坚持以改革为发展的动力，努力实现工会资产的保值增值。八是深入学习领会习近平总书记关于党的自我革命的战略思想，全面贯彻全面从严治党的方针，切实加强工会资产监督管理干部队伍建设。经过各级工会的共同努力，工会资产工作既定的目标任务顺利完成，工会资产工作取得显著成效，迈上了一个新的台阶。

二、主要特征

（一）工会资产公益性服务性建设取得突出成效

按照保持和增强工会组织和工会工作政治性、先进性、群众性的要求，以工人文化宫、工人疗休养院清理整改为重点，把加强工会资产公益性服务性建设纳入工会改革范畴和巡视整改工作任务，明确提出“突出公益、聚焦主业、自主经营、依法监管”的工作要求。工会资产公益性服务性成为全国各级工会组织的共识，并写入《中国工会章程》。经过五年多的努力，全国县以上工人文化宫、工人疗休养院清理整改工作基本实现应清尽清、应改尽改，从根本上解决了工人文化宫、工人疗休养院整体出租承包、委托经营等突出问题，推动其走上了一条在为职工群众提供优良服务的过程中实现“两个效益”相统一的新路子。

（二）工会资产工作的性质、内涵、边界更加明确

经过多年的实践和探索，对工会资产工作性质逐步形成共识。工会资产工作是政治性工作，不是单纯的经济性工作。工会资产工作包括工会资产监督管理和工会企事业改革发展两个方面，任何一个方面都不可偏废。前者主要是围绕工会组织职责，着眼于提高工会服务职工能力，对工会资产进行科学配置、合理使用、有效运营、规范处置、全面监督，同时抓好本级企事业资产监督管理。后者主要是在宏观上加强顶层设计和政策指导，推动工会企事业明确方向，深化改革，加快发展，加强管理，不断提升工会企事业服务职工的能力和水平。各级工会资产监管部门的基本职责主要包括：履行本级工会资产出资人职责，加强辖区内工会资产的资产统计、资产处置、产权登记等事项的产权管理，推进辖区内工会企事业的改革发展，对下级工会资产监管工作进行指导监督。

（三）工会资产监管体制健全完善

把理顺工会资产监管体制纳入全国总工会改革试点范畴，健全完善工会资产“统一所有、分级管理、单位使用”管理体制。工会行政性资产明确划归资产监督管理部管理，工会资产实行全面统一归口监管，实现监管范围、监管流程、监管单位的全覆盖。各级工会资产监督管理部门明确工会资产监管机构，

落实监管职责，实现机构到位、职责到位、人员到位，工会资产监管组织体系逐步健全。在职能归口的基础上，根据工会行政性资产、事业性资产和企业资产的不同类别，实行分类改革、分类发展、分类监管、分类定责、分类考核。推动工会经营性资产实行集中统一监管。

（四）工会资产实现高质量发展态势良好

按照党中央关于推进高质量发展的决策部署，强化顶层设计，工会资产呈现出高质量发展的良好态势。研究制定并实施关于工会资产高质量发展的文件制度，明确工会资产高质量发展的指导思想、目标任务和基本原则。多次召开推进工人文化宫、工人疗休养院、职工互助保障组织等职工服务阵地高质量发展座谈会和推进会，总结工作经验，对工会资产高质量发展工作做出全面部署。同时，研究制订关于加强工会企事业经营业绩考核工作的文件，组织开展全国标准化工人文化宫评价活动等，工会资产高质量发展的指标体系、政策体系、标准体系、信息系统建设体系、考核体系进一步建立健全。

（五）工会资产运营的生机与活力持续增强

按照党和国家关于深化改革创新的工作要求，进一步深化工会企事业体制机制改革创新，工会资产自我发展能力和服务职工实力明显增强。积极稳妥做好事业单位分类改革、生产经营类事业单位转企改制工作，研究制定关于工会系统经营类事业单位改革的文件制度，持续推动工会事业单位的人事、劳动、分配制度改革，稳妥推进生产经营类事业单位转企改制工作。积极稳妥推进工会系统培训疗养机构改革，认真贯彻落实国家培训疗养机构改革工作部署，全国总工会主动加强与国家发改委、财政部、中直管理局等改革牵头部门的沟通，工会系统培训疗养机构改革工作顺利完成，工人疗养院在改革中进一步发展壮大。中国职工疗养协会脱钩管理各项工作完成。创新职工服务阵地运营管理机制，深入总结浙江等地经验，研究制定相关文件制度，明确职工服务阵地社会化市场化运作的重要意义、基本原则、实现途径、工作机制，推动职工服务阵地坚持公益性服务性方向、更好服务职工群众，融入经济社会发展。

（六）工会资产工作制度体系基本形成

工会资产制度建设不断加强，工会资产工作规范化水平明显提高。党的十八大以来，立足构建内容完备、运行顺畅的制度体系，先后研究出台30余项基本工作制度和规范性文件，实现工会资产监管制度全覆盖，推动工会资产科学配置、合理使用、有效运营、规范处置、全面监督，依靠制度管住管严管好工会资产。加强制度落实情况的监督检查，全国总工会资产监督管理部按年度向全国总工会经费审查委员会报告全国工会资产监督管理工作情况，督促各省级工会资产监督管理部门向全国总工会资产监督管理部和同级经费审查委员会报告资产监督管理和运营情况。扎实做好工会资产基础管理工作。大力抓好工会资产产权登记、资产处置工作，守住工会资产不流失的底线。正式上线运行全国工会资产统计信息化系统，进一步摸清工会资产的家底，开展统一和规范工会资产服务阵地标识工作。

（七）工会本级企事业资产监督管理工作进入新的发展阶段

在全国总工会的示范引领下，各级工会认真履行出资人代表机构职责，切实加强监督管理，推动本级企事业改革发展进入新阶段。完善监管制度，建立健全经营业绩考核、基本建设项目管理、企事业负责人薪酬、集中采购管理、资产经营收益管理等制度，初步构建本级企事业资产工作制度体系。持续深化体制机制改革，根据单位的不同性质和作用，实行统一、分类监管。全国总工会组建中国职工服务（集团）有限责任公司，实行经营性资产统一管理；部分省级工会、中心城市工会整合资源配置，提高规模效益。抓严抓实经营业绩考核工作。全国总工会坚持每年召开本级企事业单位经营业绩考核工作会议，总结工作，部署任务。研究修订本级企事业单位经营业绩考核办法，完善考核内容和指标设置，强化考核结果的运用，实现社会效益、经济效益和资产基础管理考核的相互统一。

（八）进一步加强党对工会资产工作的领导

按照党中央和各级工会党组的安排部署，把加强党对工会资产工作的领导作为根本要求来抓，把党的政治建设放在首位，确保工会资产工作正确政治方向。注重发挥工会系统红色资产资源在开展党史学习教育、教育引导职工群众听党话跟党走中的重要作用。认真贯彻民主集中制，坚持工会资产监管“三重一大”事项集体决策制度，推动工会企事业单位加强党组织建设，把党建工作列入工会资产工作考核指标，促进党的建设和工会资产工作深度融合。认真贯彻落实全国工会党风廉政建设工作会议和全国工会推进全面从严治党工作会议精神，落实党风廉政建设主体责任和监督责任，严格落实中央八项规定及其实施细则精神，确保廉洁从业、廉洁从政。2016 年以来，全国总工会每年组织举办各级各类工会资产监管干部培训班和工会企事业负责人培训。加强教材体系建设和理论研究，推动培养和打造高素质专业化的工会资产干部队伍。

三、重要会议和文件

（一）中国工会十六大对工会资产工作的要求

2013 年 10 月，中国工会十六大在北京召开。大会报告指出，过去五年各级工会积极争取党政赋予各种资源手段，不断强化工会财务、企事业发展和资产监管等工作，服务职工的物质基础进一步增强。在今后五年的工作中，要深化工会资产监管，依法促进工会资产发展，不断壮大服务职工的实力，提高工会组织的凝聚力。中国工会十六大通过的《中国工会章程（修正案）》第三十八条规定："各级工会应当加强对工会资产的监督、管理，保护工会资产不受损害，促进工会资产保值增值。"第四十条规定，"不经批准，不得改变工会所属企业、事业单位的隶属关系和产权关系"，在不得随意改变工会企事业单位的行政隶属关系的基础上，增加了"产权关系"的内容。

（二）中国工会十七大对工会资产工作的要求

2018 年 10 月，中国工会十七大在北京召开。大会报告指出，要做优做强工会资产，更好发挥工人疗休养院、工人文化宫、职工互助保障组织等服务职工的作用。中国工会十七大通过的《中国工会章程（修正案）》在总则中把维护职工基本权益、竭诚服务职工群众作为工会组织的基本职责，增加了"工会兴办的企业、事业，坚持公益性、服务性"的规定，并把工会提供的互助保障优惠待遇作为会员基本权利写入章程。中国工会十七大财务工作报告对重点加强工会企事业三大领域监管提出了明确要求。

（三）全国工会资产监督管理工作会议和座谈会议

2016 年 6 月 20 日，全国总工会在北京召开第七次全国工会资产监督管理工作会议，会议要求明确新的形势下工会资产工作的职责定位，提出对工会资产实行全面统一科学监管，聚焦发展工会企事业三大板块，全面提升工会资产服务职工、服务基层的效能。2017 年 4 月 18 日，全国总工会在厦门召开全国工会资产监督管理工作座谈会，会议要求把体现工会组织政治性、先进性、群众性作为衡量工会资产工作的标尺，重点部署开展工人文化宫、工人疗休养院清理整改工作，把加强本级工会资产监督管理摆在突出位置。2018 年 6 月 20 日，全国总工会在北京召开第八次全国工会资产监督管理工作会议，会议要求坚持公益性服务性，聚焦发展工会企事业职工文化体育教育、职工疗休养、职工互助保障三大服务领域，推动加快构建科学统一有效的工会资产监管工作体系，努力建好用好管好工会资产阵地，更好发挥工会资产服务职工效能。2019 年 4 月 16 日，全国总工会在厦门召开全国工会资产监督管理工作座谈会，会议要求各级工会围绕中心，服务大局，凝心聚力推动工会资产高质量发展，加强领导，落实责任，不断提升工会资产工作整体水平。2020 年 5 月 9 日，全国总工会在北京召开第九次全国工会资产监督管理工作会议，会议要求严格落实深化工会改革创新的要求，围绕构建工会资产高质量发展的五大体系，明确发展目标、把握工作要求、落实工作举措。2021 年 3 月 30 日，全国总工会在北京召开全国工会资产监督管理工作座谈会，会议要求广大工会资产工作干部增强政治意识、深化改革创新、狠抓工作落实、强化能力素质提升，推动工会资产实现高质量发展。2022 年 6 月 10 日，全国总工会在北京召开第十次全国工会资产监督管理工作会议，会议强调要聚焦保持和增强政治性、先进性、群众性，认真落实工会资产工作高质量发展的目标任务，努力做到党建引领突出、阵地发展壮大、管理质量提升、队伍坚强有力、制度完善规范，为推动构建联系广泛、服务职工的工会工作体系，促进党的工运事业和工会工作创新发展作出积极贡献。

（四）关于工会资产监管体制和工会资产产权管理的有关规定

2016 年，全国总工会资产监督管理部印发《关于划转工会行政性资产管理职能的通知》，指导地方工会将行政性资产与企事业资产进行统一管理。同年，全国总工会印发《中华全国总工会关于加强工会财务管理、资产监督管理和经费审查审计监督的意见》，强调工会资产监管机构要对工会行政资产和企事业资产进行统一归口管理，实现监管范围全覆盖。2017 年 1 月 23 日，全国总工会办公厅印发《工会行政事业性资产管理办法》。5 月 2 日，全国总工会办公厅印发《关于工会系统生产经营类事业单位改革的指导意见》。2018 年 10 月 16 日，全国总工会办公厅印发《关于统一和规范工会资产服务阵地标识的通知》。2019 年 12 月 10 日，全国总工会办公厅印发《工会企业资产管理办法》。

（五）关于推进工人文化宫、工人休养院清理整改以及规范管理职工互助保障活动的有关规定

2016 年《全国总工会改革试点方案》要求，改进和规范管理工人文化宫、工人疗休养院等工会事业，加强监督检查，突出其公益性和服务性。3 月 29 日，全国总工会资产监督管理部在北京召开加强和改进工人疗休养院工作调研座谈会。4 月 6 日，全国总工会资产监督管理部、宣教部、财务部在北京联合召开加强和改进工人文化宫工作调研座谈会。9 月 9 日，全国总工会印发《中华全国总工会关于加强和规范工人文化宫管理的意见（试行）》和《中华全国总工会关于加强和规范工人疗休养院管理的意见（试行）》，要求工人文化宫、工人疗休养院突出公益、聚焦主业、自主经营、依法监管，各级工会按照规定开展工人文化宫、工人疗休养院清理整改工作。2017 年 2 月 6 日，全国总工会印发《中华全国总工会关于推进工人疗休养院改革发展的指导意见》，明确疗休养院改革发展的工作目标和原则。2018 年 9 月 12 日，全国总工会印发《中华全国总工会关于加强职工互助保障活动规范和管理的意见》，要求职工互助保障事业要坚守服务职工的公益属性，坚持互助的组织特色，坚持发挥补充保障作用。2020 年 2 月 26 日，全国总工会办公厅印

发《职工互助保障组织监督管理办法》，要求工会资产监督管理机构和职工互助保障组织业务管理部门要加强对职工互助保障组织的监督管理，规范职工互助保障组织的运营行为。

（六）关于推动工会资产实现高质量发展的有关规定和会议

在制度文件方面，2015 年，研究制定《全国工会企事业发展规划》，探索工会企事业发展的总体目标、基本原则、结构布局。2019 年 10 月 30 日，全国总工会办公厅印发《中华全国总工会关于推动工会资产实现高质量发展的指导意见》，要求在突出公益中实现工会资产保值增值，在做优做强中实现工会资产改革发展，构建工会资产高质量发展的指标体系、政策体系、标准体系、信息系统建设体系和考核体系。2021 年，《中国工运事业和工会工作“十四五”发展规划》对“十四五”期间加强职工服务阵地建设管理、提高工会资产管理效能提出明确要求。2022 年 3 月 11 日，全国总工会办公厅印发《关于坚持公益性服务性方向 推进职工服务阵地社会化市场化运作的意见》，强调要坚持公益性服务性方向，充分运用社会资源力量和市场运营机制参与职工服务阵地建设和管理，积极探索创新职工服务阵地运营管理方式，更好服务职工群众。研究制订《关于加强工会企事业经营业绩考核工作的意见》、《关于组织开展技术工人疗休养活动的意见》，组织开展全国标准化工人文化宫评价活动。在会议方面，2020 年 9 月，全国总工会相继在青岛、成都、长沙分别组织召开推进工人文化宫、职工互助保障组织、工人疗休养院高质量发展现场推进会，对深入推动工会资产三大服务领域实现高质量发展作全面部署。2021 年 10 月 27 日，全国总工会在北海召开推进工人文化宫高质量发展座谈会，会议要求坚持抓好思想政治引领，抓好发展规划落实，深化改革创新，推动新时代工人文化宫实现高质量发展。2022 年 8 月 4

日在温塘召开2022年度技术工人疗休养工作推进会；8月18日在萍乡召开全国职工互助保障组织行业自律管理委员会第二次全体委员会议；9月1日在临沂召开全国总工会推进工人文化宫高质量发展调研座谈会，分别对组织开展技术工人疗休养活动、强化职工互助保障组织自律管理、加强县级工人文化宫建设管理作出部署。同年11月23日，全国总工会在海宁召开全国职工服务阵地“两性两化”运作推进会，会议深入学习宣传贯彻党的二十大精神，总结交流职工服务阵地“两性两化”运作经验，研究推进下一步工作思路和措施，努力推动职工服务阵地实现高质量发展。

思考题：

1. 改革开放以前工会资产工作的主要特征是什么？
2. 改革开放以来全国工会企事业工作会议的主要内容有哪些？
3. 简要概述党的十八大以来工会资产工作的主要特征。

第二章　工会资产基础理论

工会资产基础理论是指在工会资产理论与实践体系中起基础性作用的理论，具有根本性、稳定性、长期性的特点。工会资产基础理论包括工会资产基本知识、工会资产产权制度、工会资产工作基本规范等内容。掌握工会资产基础理论，有助于我们正确理解和把握工会资产的政治属性、职工属性和工会属性，准确掌握工会资产工作的目标与任务。

第一节　工会资产概述

什么是工会资产，这是工会资产工作基础理论的重要内容。只有弄清楚工会资产的含义、构成，我们才能从政治上、法律上、经济上把握工会资产的性质和地位，明确工会资产的作用。

一、工会资产的含义

资产的概念有广义和狭义之分。广义的资产是指经济学意义上的资产，即能够为人们带来各种利益的资源，既包括能够带来经济利益的资源，也包括能够带来社会利益的资源。狭义的资产是指会计学意义上的资产，即能够以货币计算的经济资源，或者仅指能够带来经济利益的资源。从一般意义上讲，资产是指单位所拥有的各种财产、债权和其他将会带来社会利益与经济利益的资源。

工会资产是指各级工会依法占有使用和管理的各种财产、

债权和其他将会带来社会利益与经济利益的资源，包括各级总工会、产业工会和基层工会对工会企事业单位各种形式的投资、拨款所形成的资产和权益，政府拨付使用的不动产、专项资金补助以及社会各界对涉及工会企事业单位捐赠形成的资产和权益。

对工会资产进行科学分类，是加强工会资产监督管理的重要内容，也是优化工会资产配置和结构、正确发挥工会资产功能作用的前提。

按照资产占有使用主体，工会资产可分为行政性资产、事业性资产和企业资产。工会行政性资产是指工会机关依法占用使用的资产，包括工会办公场所及其设施设备等；工会事业性资产是指工会事业单位依法占用使用的资产；工会企业资产是指工会企业依法占有使用的资产。从目前工会资产的现状看，工会行政事业性资产是工会资产的主体。

按照资产性质，工会资产可分为非经营性资产和经营性资产。非经营性资产是指由工会机关和事业单位占有使用的、不直接投入生产经营的工会资产，资产的占有使用不以营利为目的。经营性资产是指以保值为基础、以增值为目的，直接投入生产经营过程中的工会资产。经营性资产具有增值性特点，即通过对资产的经营，实现工会资产的保值增值。经营性资产既包括工会企业占有使用的资产，也包括工会事业单位和工会机关转作经营用途的工会资产。

按照资产存在的形态，工会资产可分为固定资产、流动资产、无形资产。固定资产是指工会占有使用的、年限在一年以上、单位价值在规定限额以上、在使用过程中基本保持原有物质形态的资产。它主要包括土地、房屋、设施设备等。流动资产是指工会占用使用的、能够以货币计量的、预计在一年内（含一年）变现或者耗用的资产。它主要包括货币资金、借出款、应收款项、库存物品等。无形资产是指工会拥有或者控制的没有实物的可辨认的非货币性资产，主要包括商标权、专利权等。

二、工会资产的形成

依据《工会法》和《中国工会章程》的规定，我国工会资产主要是由党和政府拨付、工会投资以及社会各界捐赠转让形成的资产。具体说来，工会资产的形成主要有以下三种途径。

1. 党和政府以及机关企事业单位通过无偿划拨和拨款形成的工会资产，包括房产、地产和其他固定资产。我国《工会法》明确规定，各级人民政府和用人单位应当为工会办公和开展活动，提供必要的设施和活动场所等物质条件。中华人民共和国成立以来，党和政府以及机关企事业单位无偿划拨了大量土地、房产，用于工会组织办公和开展职工活动的场所，奠定了工会事业发展的强大物质基础，这是工会资产形成的主要来源。工会机关最初的办公场所，工人文化宫、工人疗休养院、工会院校等工会事业阵地，基本上是党和政府提供给工会使用管理的，这充分体现了党和政府对工人阶级和工会工作的高度重视。

2. 工会依靠自身力量投资形成的工会资产。各级工会为改善办公条件，发展壮大工会阵地，投资建设办公场所，积极发展工会企事业，形成大量的工会资产。党的十八大以来，各级工会加大资金投入，对工人文化宫、工人疗休养院、工会院校等工会事业阵地进行大规模的建设改造，并大力兴办职工服务中心、职工互助保障组织、基层职工服务场所等，使工会资产不断发展壮大。

3. 工会企事业单位通过自我积累、自我发展形成的工会资产。各工会企事业单位坚持把发展放在首位，在服务工会工作、服务职工群众、服务经济社会发展的过程中，取得良好的社会效益和经济效益，实现了工会资产的保值增值，为工会资产的发展壮大作出了积极的贡献。

三、工会资产的特征

工会资产的形成决定了工会资产具有其自身的特征。

1. 工会资产是社会团体资产，具有一定的特殊性。党和政府拨付给工会或投资形成的工会资产是党和政府对工会的支持；由工会经费投入形成的工会资产也体现了党和政府对工会的支持。这是由我国坚持中国共产党的领导和社会主义制度决定的。工会资产不同于国家机关、企业、事业组织、社会团体由各级政府及其有关部门拨给经费、投资或提供不动产形成的国有资产，与劳动者共同出资形成的集体资产也有着明显区别。

2. 工会资产的所有者是工会组织，具有一定的特定性。工会是中国共产党领导的职工自愿结合的工人阶级群众组织，是党联系职工群众的桥梁和纽带，是国家政权的重要社会支柱，是会员和职工利益的代表。工会组织依法占有使用和管理工会资产，其主要目的是更好地行使权利和履行义务。

3. 工会资产由工会组织依法监督管理，具有一定的自主性。工会资产是工会事业的重要组成部分。工会根据国家有关法律和《中国工会章程》的规定，对工会资产行使监督管理的权利。工会资产的管理和使用办法由中华全国总工会制定。各级工会定期向会员代表大会和上级工会报告资产管理情况，并接受上级和同级工会经费审查委员会审查监督。

四、工会资产的作用

工会资产是工会组织开展一切工作的前提和条件，其作用主要体现在以下四个方面。

1. 工会资产是工会开展工作的重要保障。工会组织开展工作，要有固定的办公场所、相应的办公设备等。大量优质的工会资产为各级工会工作的正常开展，为工会组织全面履行各项社会职能，提供了有效物质保障。

2. 工会资产是工会为职工服务的重要阵地。工会资产除工会办公场所等行政资产外，更多的物化为工人文化宫、工人疗休养院、工会院校、职工服务中心等工会企事业资产。这些资产是直接为职工群众服务的，是工会发挥党联系职工群众桥梁纽带作用的重要载体。

3. 工会资产是工会服务国家经济社会发展的重要力量。工会资产在为工会和职工提供服务保障的同时，为社会提供高质量、专业化的服务，有力地促进了经济社会发展，提高了工会组织的社会地位。

4. 工会资产是工会壮大自身实力的重要标志。工会资产的发展壮大是工会组织发展壮大的重要体现。同时，工会资产通过各级工会的管理运营，创造出良好的经济效益，用以弥补工会经费的不足，用于为职工群众服务，有利于增强工会组织的吸引力、凝聚力和号召力。

第二节　工会资产产权制度

产权制度是指既定产权关系和产权规则结合而成的且能对产权关系实现有效的组合、调节和保护的制度安排。工会资产产权就是工会依法占有使用工会资产的权力。工会资产产权制度是中华全国总工会依照法律和工会章程制定的，主要包括工会资产产权性质、终极产权制度和工会出资人制度。全面了解和把握工会资产产权制度对于做好工会资产监督管理工作具有重要意义。

一、工会资产产权的性质

产权是指对财产的权利，即对财产的广义的所有权，包括归属权、占有权、支配权和使用权。其中，最重要的是归属权。

根据《民法典》、《工会法》和《中国工会章程》的规定，工会资产是社团资产，依法受到保护。《民法典》规定："社会团体法人、捐助法人依法所有的不动产和动产，受法律保护。"《工会法》规定，各级人民政府和用人单位应当为工会办公和开展活动，提供必要的设施和活动场所等物质条件。工会的财产、经费和国家拨给工会使用的不动产，任何组织和个人不得侵占、挪用和任意调拨。工会所属的为职工服务的企业、事业单位，其隶属关系不得随意改变。《中国工会章程》规定，工会资产是社会团体资产，中华全国总工会对各级工会的资产拥有终极所有权。工会经费、资产和国家及企业、事业单位等拨给工会的不动产和拨付资金形成的资产受法律保护，任何单位和个人不得侵占、挪用和任意调拨；不经批准，不得改变工会所属企业、事业单位的隶属关系和产权关系。我国法律法规和《中国工会章程》关于工会资产的规定，为明确工会资产产权性质提供了法律和制度保障。

工会资产产权的性质决定了工会资产产权属于工会所有。全国总工会、地方总工会、产业工会、基层工会对自己所占有使用和管理的工会资产享有所有权，依法行使占有、使用、收益和处分的权利。

二、工会资产终极产权制度

根据《工会法》和《中国工会章程》规定，各级工会的资产归工会统一所有，全国总工会对全国各级工会资产拥有终极所有权。

（一）终极所有权的界定

全国总工会终极所有权是指全国总工会是全国各级工会资产的终极所有者，其权利主要体现在三个方面：一是全国总工会制定工会资产工作的方针政策和规章制度，指导和规范全国各级工会资产监督管理和工会企事业改革发展工作。二是地方和基层工会以及产业工会执行全国总工会制定的工会资产工作方针政策和规章制度，其资产工作接受全国总工会的领导和监督。三是全国总工会保留对全国各级工会资产的最终处置权。必要时有权对全国工会资产统一配置和处置。

（二）终极所有权的实现形式

在组织机构建设方面，全国总工会成立资产监督管理部，负责全国工会资产监督管理和工会企事业改革发展工作。各地工会按照全国总工会要求，建立健全工会资产监督管理机构，为做好工会资产监督管理工作提供了可靠组织保证。在工作方面，全国总工会书记处授权资产监督管理部对全国各级工会占有使用的行政性资产、事业性资产和企业资产实行统一监督管理。对各级工会举办的工人文化宫、工人俱乐部、体育场馆、职工学校、工会干部学校、工人报刊、工人疗休养院、海员俱乐部、职工旅行社、工会宾馆、职工互助合作事业和各类经济实体等工会企事业的资产管理、经营管理和发展改革进行宏观管理和指导。在制度建设方面，制定和完善工会资产工作制度体系，明确了工会资产“统一所有、分级监管、单位使用”的监管原则，将全国总工会对各级工会的资产拥有终极所有权作了制度性安排；明确了工会资产工作的职责，即对工会资产负有监督管理职责，对本级工会企事业行使出资人职责，行使工会资产使用、经营、处置事项审核审批权；明确了工会企事业改革发展的指导思想、目标任务、结构布局、基本思路和保障措施。

（三）正确处理终极所有、分级管理和单位使用的关系

《中国工会章程》明确全国总工会对各级工会的资产拥有终极所有权，更多的是从维护工会组织的团结统一、保护工会资产不流失的角度考虑的，这并不意味着各级工会对所属工会资产不享有产权。实际上，工会资产的产权是由各所属工会管理行使的，工会资产的使用权、管理权和收益权是由所属工会执行的。因此，各级工会应当加强对工会资产的监督管理，依法保护工会资产不受损害，促进工会资产保值增值；要重视本级工会资产监督管理机构建设，充分发挥其作用；要加强对所属工会企事业单位资产监督管理工作，大力推动工会企事业改革发展，使工会资产不断发展壮大。

三、工会出资人制度

工会出资人制度是工会资产产权制度的核心内容。工会出资人制度是工会对所属工会资产进行监督管理的依据，其主要目标是实现会资分开、会事分开、会企分开，加强工会资产监督管理，促进工会资产的优化配置，实现工会资产的保值增值，切实维护所有者权益。

（一）工会出资人制度的含义

工会作为社会团体法人，依法享有独立的法人财产权。工会作为工会资产的所有者，依法取得工会出资人的地位，对所属资产享有出资人权益。出资人制度是工会为实现对所属工会资产有效监督管理、实现出资人权益而构建的制度，其包括出资人代表制度、治理制度、经营管理制度、激励约束制度、监管制度、收益分配制度和投资制度等。各级工会资产监督管理机构是工会出资人的代表机构，在授权范围内履行出资人职责，享有所有者权益。

（二）工会出资人制度的内容

一是工会出资人代表制度，从根本上解决工会资产所有权与经营权分离，防止出资人缺位、错位，防止出资人对企业经营的过多干预。二是工会资产产权监管制度，从实践中解决管资产和管人管事相结合，并与权利、义务和责任相一致的问题。三是工会企事业法人财产权制度。完善工会企事业法人治理结构，保障和落实工会企事业单位的生产经营自主权和其他法定权利。四是激励与约束制度。根据不同工会企事业单位的性质和经营特点，确立科学合理的考核指标、考核办法与监督激励办法。

（三）工会出资人制度的落实

一是强化工会资产财务监督。财务监督是工会资产监管工作的基础。财务监督工作是指出资人运用会计监管和审计监督等手段，对所属工会资产的经营管理状况进行综合评价，包括清产核资、财务动态监控、经济责任审计等方面的工作。要以财务监督为核心，逐步建立健全财务动态监测、月报财务报表、定期审计等工作制度，以实现事前控制、事中约束、事后整改相结合的全过程监管。二是做好工会资产经营业绩考核工作。对工会企事业单位经营业绩进行考核是工会出资人维护所有者权益、落实工会资产保值增值的一项重要措施。由于工会资产由各单位占用使用，出资人与使用者之间的信息不对称，出资人不拥有完全的经营过程信息，因此，必须坚持客观、公正和公平的原则，对使用者的经营业绩进行考核，为出资人决策提供较为真实、全面有效的信息。通过经营业绩考核，加强对资产占有使用者的监督和约束，激发和调动其工作积极性，达到管住管严管好工会资产的目的。三是做好重大事项报告管理工作。加强重大事项报告管理是落实工会出资人权益的重要工作，有利于出资人及时了解工会资产的日常经营管理状况，对重大决策进行科学的分析和判断。四是严格落实工会资产损失责任追究制度。做好工会资产损失责任追究工作，对于维护出资人权益、建立有效的约束机制具有重要意义，可以进一步强化工会资产经营管理者的责任意识、风险防范意识和制度意识，做到依法决策、依法管理和依法经营，有效防止和避免工会资产重大损失。

（四）做好工会本级企事业单位资产监督管理工作

工会资产监督管理机构履行本级工会企事业单位出资人代表机构职责，对本级工会企事业单位资产进行监督管理。依据国家关于出资人职责的有关规定，按照本级工会的授权，履行本级企事业出资人职责。一是承担监督所监管单位工会资产保值增值的责任。实行单位经营业绩目标考核制度，优化考核指标体系和评价标准，考核结果与单位负责人薪酬挂钩。二是指导推进所监管单位完善法人治理结构，承担所监管单位资产重要事项的审批备案工作。三是履行出资人收益管理职能。建立监管单位资产经营收益管理制度，按占有工会资产总额的一定比例收缴资产经营收益，纳入本级年度收支预算，实行收支两条线管理。四是负责督促检查所监管单位贯彻落实国家安全生产方针政策及有关法律法规的执行情况、贯彻落实工会资产相关制度情况。五是参与所监管单位领导班子建设和人事管理工作，完善经营者激励和约束制度。六是指导所监管单位加强党的建设，落实全面从严治党的责任。

第三节　工会资产工作

工会资产工作是工会工作的重要组成部分。做好工会资产工作，有利于壮大工会资产、增强工会物质基础和经济实力；

有利于健全完善工会服务职工体系、提高工会服务职工的能力和水平；有利于加强工会组织政治性、先进性、群众性建设，进一步巩固和扩大党的阶级基础和群众基础。

一、什么是工会资产工作

工会资产工作是工会组织围绕工会资产形成、配置、使用、经营、管理、监督而开展的一系列工作。根据新时代工会工作对工会资产工作的新要求，工会资产工作包括工会资产监督管理和工会企事业改革发展两个方面任务，任何一个方面都不可偏废。

（一）工会资产监督管理

主要是对工会资产的形成、占有、使用、运营、收益和处置进行监督管理。具体来讲，一是对工会资产进行科学配置、合理使用、有效运营、规范处置、全面监督；二是建设好、管理好、使用好工会资产；三是抓好本级企事业资产监督管理，包括抓好发展规划、重大事项报告、经营业绩考核等方面的工作。工会资产监督管理工作的目标是维护工会资产合法权益，提高工会资产使用效率，维护工会资产安全完整，实现工会资产保值与增值，更好地履行工会资产的职能。

（二）工会企事业改革发展

主要是在宏观上加强顶层设计和政策指导，推动工会企事业明确发展方向，深化改革，加快发展，加强管理，提升工会企事业服务职工的能力和水平。具体来讲，一是研究制定工会企事业改革发展战略和规划，指导工会企事业单位切实履行应尽职责；二是研究制定推进工会企事业改革发展的规章制度；三是疏通协调工会企事业改革发展政策。工会企事业改革发展工作的目标是坚持工会企事业为改革开放和发展社会生产力服务、为职工群众服务、为推进工运事业服务的宗旨，坚持以做优做强工会企事业、构建具有中国工会特色的职工服务体系为目的，明确职能定位，优化结构布局，创新体制机制，强化监督管理，不断提高工会企事业服务职工群众的能力和核心竞争力，推动工会企事业实现高质量发展。

（三）工会资产监督管理部门的主要任务

各级工会资产监督管理部门要在同级工会和上级工会资产监督管理部门的领导下，全面、准确把握自身定位，认真履行基本职责。一是履行本级工会资产出资人职责；二是加强辖区内工会资产的资产统计、资产处置、产权登记等事项的产权管理；三是推进辖区内工会企事业的改革发展；四是对下级工会资产监管工作进行指导监督。

二、怎样做好工会资产工作

工会资产工作既是一项政治工作，也是一项经济工作，具有很强的政治性、政策性、社会性。做好工会资产工作，必须运用政治、经济、法律、行政等各种手段，确保工会资产工作各项任务的完成。

（一）坚持组织到位与职责到位的统一

做好工会资产工作，首先要做到组织落实、人员落实、职责落实。各级工会要按照全国总工会的要求，加强工会资产监管机构建设，明确工会资产工作责任部门和监管职责，实现工会资产出资人到位。省级总工会和中心城市总工会应按照全国总工会要求设置资产监督管理机构。工会资产监管机构的主要职责是对工会行政性资产和企事业资产（包括工会企事业单位、社团组织及其所属的二级单位）进行统一归口管理，实现监管范围全覆盖；对工会资产配置、产权登记、资产使用、资产收益、资产处置等关键环节进行全过程监督；对工会企事业发展改革工作进行指导。

（二）坚持统一监管与分类监管的统一

做好工会资产工作，要坚持实事求是的原则，正确处理统一监管与分类监管的关系，实施科学的监管方式方法。统一监管是基础，没有统一监管，就谈不上分类监管。实现统一监管，包括监管范围（非经营性资产与经营性资产）全覆盖、监管单位（事业、企业、社团、协会、学会、基金会等）全覆盖、监管流程（资产配置、使用、收益、处置）全覆盖。分类监管是关键，没有分类监管，统一监管就会流于形式。对行政类资产、公益一类事业单位资产、公益二类事业单位资产、生产经营类事业单位资产、企业资产和工会社团类资产，要实行不同的监管制度和方式。特别要重视对经营类资产的监督管理，确保工会资产的保值增值。

（三）坚持制定制度与执行制度的统一

制度化、规范化、程序化是做好工会资产工作的根本保障。要把制度建设放到突出位置，靠制度管人管事管资产。坚持有制度按制度办，没有制度先制定制度再办。适应工会资产工作的需要，全国总工会制定了一系列规章制度，基本形成了工会资产工作制度体系。各地工会贯彻落实全国总工会制定的各项制度，从自身实际出发，制定了相应的工会资产监督管理制度，从而为工会资产工作的开展提供了基本遵循。制度的生命力在于执行。要牢固树立制度意识，健全学习宣传制度机制，完善制度执行程序，严格制度落实责任，加强对制度执行情况的监督检查，切实把制定的各项制度落到实处。

（四）坚持监督检查与强化问责的统一

实践证明，抓监督检查，抓跟踪问效，抓工作问责，是做好工会资产工作的重要方法。一方面，要把监督检查工作经常化、制度化，定期开展工会资产工作监督检查工作，发现问题及时整改。各地工会要严格贯彻执行全国总工会关于工会资产工作的各项规章制度，不允许自行其是、各自为政。另一方面，对造成工会资产损失的单位和个人要依照有关制度追究相应责任。动员千遍不如问责一次。要加强问责工作，在工会资产系统释放出有权必有责、有责必担当、失责必追究的信号，层层传导责任压力，推动形成一级抓一级、层层抓落实的局面。

三、推动工会资产工作实现高质量发展

推动工会资产工作实现高质量发展，必须理解和把握工会资产工作实现高质量发展的重要意义和目标要求，深入贯彻落实《中华全国总工会关于推动工会资产实现高质量发展的指导意见》，不断健全完善高质量发展工作体系，把高质量发展要求贯穿于工会资产工作全过程。

（一）实现高质量发展是工会资产工作的主要任务

高质量发展，集中体现了坚持以提高发展质量和效益为中心，是为了更好满足人民日益增长的美好生活需要的发展，是体现新发展理念的发展。从时代发展要求看，我国经济已由高速增长阶段转向高质量发展阶段，社会主要矛盾已经转化为人民日益增长的美好生活需要和不平衡不充分的发展之间的矛盾。不平衡不充分的发展就是发展质量不高的表现。推动高质量发展是遵循经济规律的必然要求。从深化工会改革创新角度看，全国总工会对健全工会资产监督管理体制、持续深入推进工人文化宫和工人疗休养院清理整改、深化工会经营性事业单位改革等提出明确要求。坚持以改革为动力，在推动工会资产工作高质量发展上狠下功夫，是深化工会改革创新、提高工会整体工作水平的应有之义。从工会资产公益性服务性角度看，随着

我国经济社会发展的不断进步，职工群众的需求也在不断发展变化，呈现出多样化、多层次、多方面的特征。实现工会资产工作高质量发展，为职工群众提供精准、便捷、普惠式服务，促进职工体面劳动、舒心工作、全面发展，是工会资产工作的主要任务。

（二）准确把握工会资产工作高质量发展的目标要求

工会资产工作高质量发展，应包括工会资产监督管理和工会企事业改革发展两个方面的内容，总目标是实现工会资产产权清晰、特色鲜明、管理规范、效益良好，推动工会资产不断做优做强。工会资产监督管理工作高质量发展的主要目标，是通过健全体制机制、加强制度建设等，做到以考核为刚性、向管理要效益、靠制度保落实，利用科学的工会资产评价体系，实现工会资产科学配置、规范使用、有效运营、全面监督。工会企事业高质量发展的主要目标，是通过宏观上加强顶层设计和政策指导，推动工会企事业聚焦主业、深化改革、加强管理、加快发展，实现总量增加、质量提升、政策完备、健康发展目标，不断提升工会企事业服务职工的能力和水平。推动工会资产工作高质量发展，要坚持突出公益性服务性、坚持问题导向、坚持加强顶层设计、坚持分类施策、坚持创新发展、坚持稳中求进的原则。

（三）健全完善工会资产工作高质量发展的工作体系

推动工会资产实现高质量发展，必须加快形成推动高质量发展的指标体系、政策体系、标准体系、信息系统建设体系、考核体系，创建和完善制度环境。要完善指标体系，坚持把社会效益放在首位，依据工会资产的属性、作用等，合理确定其社会效益指标和经济效益指标，努力实现社会效益和经济效益的有机统一。要明确政策体系，落实党和国家公益性服务性法律法规和政策，把工会资产工作纳入大局，形成推动工会资产高质量发展的合力。完善工会资产监督管理体制，强化工会资产监管组织体系、工作体系、制度体系和责任体系。坚持和完善公益导向与社会化、市场化运作相结合的运营机制。要构建标准体系，严格遵循国家标准，构建工会资产行业标准体系和业务规范，实现标准统一、有效供给。要推进信息系统建设体系，加快推进工会资产监管信息系统建设，建立工会资产基础数据库，实现资产管理工作信息化，完善工会资产统计制度。要强化考核体系，建立工会资产监管工作指导评价机制，建立健全县以上工会每年向上一级工会报告工会资产工作情况的制度，建立健全工会资产运营绩效和经营业绩考核指标体系、责任体系和评价体系。

四、加强工会资产工作者队伍建设

做好工会资产工作，必须有一支高素质的工会资产工作者队伍。工会资产工作者既包括各级工会资产监督管理部门的干部，也包括工会企事业单位的经营管理人员。广大工会资产工作者要认真学习贯彻习近平新时代中国特色社会主义思想，认真学习贯彻习近平总书记关于工人阶级和工会工作的重要论述，系统学习掌握习近平经济思想，切实用习近平新时代中国特色社会主义思想武装头脑、指导实践、推动工作。要自觉加强党性修养，努力学习业务知识，积极投身工作实践，始终保持优良作风，奋力创造一流业绩，努力成为信念坚定、为民服务、勤政务实、敢于担当、清正廉洁的好干部。

（一）忠诚党的事业，确保政治过硬

工会资产工作具有很强的政治性。习近平总书记强调，政治性是群团组织的灵魂，是第一位的。具体到工会资产工作上，就是要努力提高政治站位，善于站在政治的高度想问题、看问

题、做工作，不断增强政治判断力、政治领悟力、政治执行力。要深刻领悟“两个确立”的决定性意义，牢固树立政治意识、大局意识、核心意识、看齐意识，坚定道路自信、理论自信、制度自信、文化自信，坚决维护习近平总书记党中央的核心、全党的核心地位，坚决维护党中央权威和集中统一领导，始终与以习近平同志为核心的党中央保持高度一致。要始终把工会资产工作放在党和国家工作大局中把握，保持工会企事业正确的发展方向，牢牢把握工会企事业的性质、宗旨和本色，自觉做到忠诚党的事业，竭诚服务职工。要善于从整体和长远的战略高度去思考和处理问题，善于算政治账、职工账，确保工会资产为党的工运事业服务，为广大职工群众服务，为加强工会组织和工会工作政治性、先进性、群众性建设作出应有贡献。

（二）加强能力建设，确保本领高强

工会资产工作者既要有过硬的政治素质，又要有过硬的业务能力。随着各级工会组织对工会工作的重视和职工群众对工会资产工作的期望，工会资产工作的担子不是轻了，而是更重了；面临的问题不是少了，而是更多了。做好工会资产工作，解决面临的各类问题，必须要有高本领、真本事。要在提高学习研究能力上下功夫。勤于学习，既要向书本学，又要向实践学，坚持学以致用、用以促学、学用相长。要加强经济学知识、科技知识学习，努力学习掌握工会资产工作专业知识，不断提高做好工会资产工作的专业能力。要在提高科学监管能力上下功夫。科学把握我国进入新发展阶段，全面贯彻新发展理念，认真分析掌握工会资产工作规律，做到干一行爱一行、钻一行精一行、管一行像一行，努力构建工会资产新发展格局，推动工会资产工作实现高质量发展。要在努力提高解决问题的能力上下功夫。当前工会资产工作面临着许多问题，有的问题很复杂，解决起来难度很大。要善于在纷繁复杂的事务中抓住主要矛盾，有效化解主要矛盾，妥善处理各类问题，去存量，控增量，确保工会资产工作稳步推进。

（三）勇于责任担当，确保作风优良

要增强责任意识。领导意味着责任，权力意味着担当。有多大的担当才能干多大的事业，尽多大的责任才会有多大的成就。工会资产来自于职工，服务于职工。工会资产工作者必须时刻不忘党的重托，始终不忘对职工应尽的责任和义务，义无反顾地扛起职责，为党的事业和职工利益敢于斗争、善于斗争。要坚持目标导向与问题导向的统一。大兴调查研究之风，全面了解工会的阵地是不是在为职工群众和工会事业服务，工会的资产是不是实现了保值增值，工会资产监督管理的规定是不是得到了有效落实，从而掌握真实情况，找到破解难题的办法和路径，不断提高结合实际创造性开展工作的水平。要发扬钉钉子精神，撸起袖子加油干，坚决克服形式主义、官僚主义，在抓实、再抓实上狠下功夫。要继承和发扬密切联系职工群众的优良传统，始终保持艰苦奋斗的作风，厉行节约，反对浪费，谦虚谨慎，勤奋敬业，努力把本职工作做好，做出经得起历史检验的实绩。

（四）严格遵纪守法，确保清正廉洁

打铁必须自身硬。随着工会资产规模的不断扩大和工会阵地建设的不断推进，工会资产监督管理的范围扩大了，权限增加了，责任加重了，这对工会资产工作者提出了新的更高的要求。有权必受监督，用权不可任性。广大工会资产工作者在行使监督管理权力上要慎之又慎，在自我约束上要严之又严，自觉做遵纪守法的模范。要认真学习贯彻《中国共产党章程》和《中国共产党廉洁自律准则》、《中国共产党纪律处分条例》等党纪党规，严格遵守党的政治纪律、组织纪律、廉洁纪律、群众纪律、工作纪律、生活纪律，始终不忘初心，牢记使命，奋力前行。要认真学习贯彻《工会法》、《中国工会章程》以及工会资产监督管理相关规定，依照法律和章程开展工会资产工作，严防发生执纪违纪问题。要认真落实全面从严治党要求，加强党风廉政建设，认真贯彻落实中央八项规定精神，干干净净做事，老老实实做人，始终保持自身的清正廉洁，自觉维护党的形象和工会组织的形象。

思考题：

1. 什么是工会资产？工会资产的特征和作用是什么？
2. 简述工会资产终极产权制度。
3. 工会资产工作的内容是什么？怎样做好工会资产工作？

第三章　工会资产监督管理体制

工会资产监督管理体制，是关于工会资产监督管理机构设置、职责划分以及工会资产管理方式、制度和方法的总称。工会资产监督管理体制主要包括：工会资产监督管理机构的性质、机构设置和职能配置；工会资产监督管理机构与工会组织关系的处理、协调；全国总工会和地方工会资产监督管理机构权责划分及相互关系；工会资产所有权的实现方式，对工会资产及企事业监督管理的制度等。学习了解工会资产监督管理体制，有助于把握工会资产监管工作的基本框架和工作机制，有助于在实际工作中统筹把握各项具体工作。

第一节　健全完善工会资产监督管理体制的意义

学习健全完善工会资产监督管理体制的意义，有助于了解工会资产监督管理体制与工会工作、工会资产监督管理工作、工会企事业经营和改革发展之间的内在联系，掌握健全完善工会资产监督管理体制的组织政策环境、工作机制环境和服务对象环境，多方位、多角度地认识理解工会资产监督管理体制。

一、适应工会改革创新的需要

自2005年全国工会资产监管体制改革以来，各级工会组织资产监管的意识不断增强，逐步建立或明确了工会资产监管工作的部门，制定了一些工会资产监管的制度，初步形成了工会资产监督管理体制。

当前，深入学习贯彻习近平新时代中国特色社会主义思想，全面贯彻党的二十大精神，学习贯彻习近平总书记关于工人阶级和工会工作的重要论述，要求各级工会组织要通过加强自身改革，更好地服务职工群众，资源经费向基层工会倾斜，更有效地发挥工会资产阵地的服务功能。中共中央、国务院印发的《新时期产业工人队伍建设改革方案》，对工会组织更好地发挥工会阵地的支撑保障作用提出了新的更高的要求。新形势下，工会承担的责任更大、任务更重。党和政府迫切希望工会组织进一步密切与广大职工群众的联系，充分发挥组织职工、引导职工、服务职工、维护职工合法权益的作用，更好地团结带领广大职工听党话、跟党走，为实现中华民族伟大复兴的中国梦贡献智慧和力量。与此同时，随着社会经济的发展，职工日益增长的美好生活需要对工会服务职工的内容和质量提出了更高的要求。《中国工运事业和工会工作“十四五”发展规划》中提出要加强服务阵地建设。面对新的形势和任务，工会资产是工会履行基本职责、构建服务职工长效机制的有效载体，是工会发挥桥梁纽带作用、团结吸引凝聚职工群众的重要阵地，是工会组织的重要标识，必须要健全和完善管理体制，适应工会工作全局的要求，发挥工会资产服务大局的作用。健全工会资产监督管理体制是提高工会组织服务职工群众能力的重要保障。提高工会资产监督管理的水平，充分发挥工会资产服务大局、服务职工、服务工会的效能，必须适应新时代中国特色社会主义发展要求，健全完善工会资产监督管理体制。

在工会组织增“三性”、去“四化”、强基层、促创新的改革环境下，过去的工会资产监督管理体制不能满足工会工作的需要，必须要与工会组织同步改革。全国总工会坚持眼睛向下、面向基层，通过改革工会资产监督管理体制，进一步促进工会企事业坚持正确政治方向，坚持围绕中心、服务大局、服务职工的主责主业，突出工会资产的公益性服务性。通过改革管理体制，完善工会资产监管机构组织、改进运行机制、优化监管方式。通过改革管理体制，把工会资产监管的重心下沉，强化基层工会的资产监管，创新工会资产监管的理论和监管的形式，打破固化、僵化的管理手段，让工会资产监管工作更贴合基层实际，更能满足职工群众的需求，畅通服务职工“最后一公里”。通过改革管理体制，推动工会企事业创新发展，充分发挥出工会企事业作为服务党和国家工作大局以及工会工作全局的坚强阵地、展示工会组织形象、联系和服务职工群众的有效载体的重要作用。

二、适应工会资产监督管理工作的需要

多年来，各级工会资产监督管理机构在工会资产管理方面做了大量的工作，取得了明显的成绩，工会资产规模不断壮大。《中国工运事业和工会工作“十四五”发展规划》提出要深化工会资产体制机制改革创新，落实“统一所有、分级监管、单位使用”的工会资产监督管理体制，提高工会资产管理效能。当前，面对新时代提出的新任务、新要求，工会资产监督管理的机构设置、职能配置、职责划分同工会资产监管工作的统一、科学、有效，同实现工会资产安全完整、保值增值、做优做强等目标还不完全适应。健全完善工会资产监督管理体制是做好工会资产工作的有力保障。只有通过做实工会资产监管机构的监管职责，逐步完善监管制度体系，提升监管方式的规范化、科学化水平，才能保障工会资产监管工作依法依规运营，才能实现工会资产安全完整、保值增值。

（一）健全完善工会资产监督管理体制有利于保护工会资产安全完整

一些地方工会资产监督管理工作不规范，产权意识不强，不严格执行全国总工会规定，擅自处置工会资产，不履行审批程序，造成工会资产流失。因此，健全完善工会资产监督管理体制，明确全国总工会对各级工会资产拥有终极所有权，对于增强工会资产管理的产权意识，提高工会资产监管政策的执行力和约束力，堵住“黑洞”、“漏洞”，保护工会资产安全完整有重要意义。

（二）健全完善工会资产监督管理体制有利于实现工会资产统一有效管理

工会资产过去分为行政性资产和企事业资产，在全国总工会层面是由全国总工会财务部和资产监督管理部两个部门分别进行管理。各级工会资产管理也相应地由不同部门分门别类管理。这样的管理模式下，工会企事业资产和行政性资产的统计口径不准确，有些工会资产比如工会内部的社团协会资产没有纳入监管范围，有些地方行政与事业资产混用，没有明确的管理标准，同级行政性资产、企事业资产和企事业单位之间职责不清，有的地方有交叉、有的地方有疏漏。通过完善工会资产监督管理体制，明确专司工会资产监督管理职责的部门对工会资产统一归口管理，实现监管范围和监管单位的全覆盖，有利于工会资产管理政策的统一，有利于工会资产监管标准的统一。

（三）健全完善工会资产监督管理体制有利于落实分级管理的要求

目前一些省级工会资产监管机构建设仍较薄弱，一些地方存在职责不清、监管不到位，难以落实分级监管要求等情况。省级工会资产监管体制的建设，在整个工会资产监管体制系统中是重中之重。省级工会资产监管是工会资产监管工作的枢纽，省级工会资产监管职责是否落实直接影响市、县级工会资产监督管理的成效。因此，健全完善工会资产监管体制，加强地方工会资产监督管理机构建设，明确地方工会监管权责，是真正落实分级管理的必然之举。

（四）健全完善工会资产监督管理体制有利于实现科学分类管理

工会资产包括行政性资产、事业单位资产、企业资产和社团资产等，不同性质的资产，其配置购置的标准、管理使用的方式、资产效能的评估、资产处置的要求均有所不同。并且，对于工会企事业而言，公益一类、公益二类和生产经营类事业单位以及企业单位，资产监管的方式和要求又有很大的差别。科学的工会资产监督管理体制应当对资产因类施策，针对不同性质的资产，运用不同的管理方式，不搞一刀切，使资产管理效益最大化。因此，在统一机构、统一职责的前提下，探索建立分类资产监督管理体制，是实现科学监管的有效途径。

三、适应工会企事业改革发展的需要

工会企事业资产是工会资产中重要的组成部分，是工会组织服务职工的延伸手臂和服务阵地。工会企事业资产监管与工会企事业改革发展密不可分。工会企事业单位是工会企事业资产的占有和使用者，各级工会对本级工会直属企事业单位履行出资人职责。工会资产监督管理体制对工会企事业资产的规范，不仅仅是资产的管理，更是出资人与经营者之间的规范约束及监督，既不能只管资产投入，不对资产经营效益进行考核；也不能按照行政管理的方式对企事业资产经营和内部管理没有边界地进行干涉。

要解决工会企事业为职工群众提供的高质量产品服务不够，提供的有效供给不足，运营效率和资产回报率不高，自身发展的创新动力、人才动力、管理动力不足等一系列问题，就需要深化工会企事业改革，调整资产配置的领域、资产使用的方向、资产经营效益的考核和分配方式、资产损失的责任追究机制等诸多资产监督管理体制。

完善资产监督管理体制是深化工会企事业改革的迫切要求。完善资产监督管理体制与深化工会企事业改革具有内在的紧密联系，工会企事业要适应市场化新形势，成为独立法人和市场竞争主体，这就要求要进一步做到会企分开、会资分开，相应地必须完善资产监督管理体制。完善资产监督管理体制对突破工会企事业体制机制障碍具有较强的牵引作用，可以成为深化工会企事业改革的推进器和加速器。从这些意义上讲，完善资产监督管理体制是深化工会企事业改革的一个重要条件，构成了深化工会企事业改革的重要基础。完善管理体制的主要目的是要更好地推进工会企事业改革和发展，优化工会资产的配置，提高工会资产监管的效率，助推工会企事业转型发展，更好地发挥工会企事业服务职工群众的作用。因此，完善工会资产监督管理体制，要有利于工会企事业的改革，有利于工会企事业增强活力和竞争力，有利于提高工会资产的监管效率。

第二节　工会资产监督管理体制改革的主要内容

工会资产监督管理体制改革主要有两个方面：一个是“破”，打破不利于发展的体制；一个是“立”，建立有利于工会资产和企事业发展的监督管理体制。通过本节的学习，掌握工会资产监督管理需要建立什么样的体制，树立什么样的改革目标方向，改革中需要确立的原则，以及改革工作设立的要求。

一、工会资产监督管理体制改革的目标方向

工会资产监督管理体制改革，必须坚持以习近平新时代中国特色社会主义思想为指导，全面贯彻党的二十大精神，适应新时代中国特色社会主义的发展要求，认真贯彻落实深化工会改革创新的工作要求，坚持“稳字当头、稳中求进”的总体要求，始终坚持工会资产工作的正确政治方向，以服务职工、服务工会工作为宗旨，以管住管严管好工会资产、发挥工会资产效能为衡量标准，改革机构设置，优化职能配置，落实监管职责，为工会工作提供有力的物质基础保障。

工会资产监督管理体制改革，目标是构建统一、科学、有效的监督管理体制，解决制约工会产权管理、保值增值和工会企事业发展的深层次问题，建立起全面覆盖、职责明确、制度健全、监管有力的监督管理体系。

具体来说，通过工会资产监督管理体制的改革，实现各级工会资产监管工作有机构、有人员，监管职责明确，彻底解决所有者缺位的问题。通过改革，健全和完善工会资产监督管理法规体系，以实现工会资产监督管理有法可依、有法必依、执法必严。通过改革，工会资产的基础管理得到加强，工会资产产权明晰，工会资产流失现象得到有效遏制。通过改革，建立统一监管的出资人制度，落实各级工会对本级企事业的出资人职责，实现工会资产保值增值，维护所有者权益。通过改革，工会企事业布局和结构得到有效调整，公益性服务性突出，主责主业不断聚焦，工会资产配置不断优化，运营效率整体提高。

二、工会资产监督管理体制改革的工作原则

（一）党的领导原则

坚持党的领导是工会资产监督管理工作的根本保证。必须

坚持以习近平新时代中国特色社会主义思想为指导，深入学习贯彻习近平总书记关于工人阶级和工会工作的重要论述、关于全面从严治党的重要论述，深刻领会“两个确立”的决定性意义，增强“四个意识”、坚定“四个自信”、做到“两个维护”。落实全面从严治党战略部署，坚持党对工会企事业政治领导、思想领导、组织领导的有机统一，发挥工会企事业党组织的领导核心和政治核心作用，把方向、管大局、保落实。健全完善党建工作责任制，落实党建工作主体责任，为工会企事业改革发展提供坚强有力的政治保证、组织保证和人才支撑。

（二）统一监管原则

工会资产统一所有是深化工会资产管理体制改革的基本前提。根据《工会法》和《中国工会章程》规定，各级工会的资产归全国总工会统一所有，全国总工会对全国各级工会资产拥有终极所有权。全国总工会履行终极所有权主要体现在两个方面：一是制定工会资产监督管理原则和规章制度，规范和指导全国各级工会资产监督管理和运营的行为。地方总工会资产监督管理机构接受全国总工会资产监督管理部的指导和监督，执行全国总工会资产监督管理部制定的工会资产监管的规章制度。工会资产管理的政策法规由全国总工会统一制定，各级工会制定的工会资产监管制度必须是在全国总工会规定的原则范围内，不能与全国总工会的政策规定相违背或者超出规定的权限。二是保留对工会资产的最终处置权。必要时有权对工会资产统一配置，拥有最终处置权。工会资产监管体制要做到“四个统一”：政策法规的统一、监管权力的统一、监管范围的统一、监管流程的统一。“四个统一”是工会资产监管工作科学有效的基本措施，有利于各级工会资产监管机构对本级开展基础管理工作和对下级指导监督检查。

（三）分类监管原则

针对工会资产因使用主体和使用目的不同，资产性质差别较大的情况，对工会行政性资产、工会事业资产、工会企业资产、工会社会组织资产及工会事业单位中的经营性资产分门别类地进行监管，严格区分行政事业性资产和经营性资产，对不同行业、不同性质的企事业单位也要分类管理。针对公益类和经营类工会事业、企业的不同战略定位和发展目标，研究制定差异化的监管目标、监管重点和监管措施，设定不同的监管标准，使用不同的监管方式，促进社会效益和经济效益有机统一。在战略规划制定、资产管理与经营、人员选用机制、经营业绩考核等方面，实施更加精准有效的分类监管，最大化地保证各类工会资产安全完整和效能发挥。

（四）统一归口原则

工会设立工会资产监督管理的专门机构，依法履行出资人职责，依法对工会资产进行监管。工会资产监督管理机构专司工会资产监管。工会其他部门、机构不履行工会资产出资人职责。在监管范围上要将本级设立的企业、事业、社会组织等各类单位及这些单位出资成立的二级单位都纳入工会资产监管范围，对工会行政事业性资产和企业资产统一归口监管，避免“九龙治水”的现象。

（五）权利、义务、责任相统一原则

权利、义务、责任相统一是工会资产监督管理体制能够有效运行的重要原则。作为工会资产出资人代表的工会资产监管机构，依照授权享有资产收益权、参与重大决策和选择管理者等出资人权利，同时要履行出资人的义务，维护工会企事业的经营自主权，还要承担监管工会资产、实现资产保值增值、办好工会企事业、壮大工会物质基础的职责。

三、工会资产监督管理体制改革的工作要求

按照事前制度规范、事中跟踪监控、事后监督问责的要求，积极适应监管职能转变和强化监督管理、增强企事业活力的需要，创新监管方式和手段，更多采用市场化、法治化、信息化监管方式，加强党的建设与组织领导，提高监管的规范性、针对性、实效性。

（一）强化依法监管

严格依据相关法律法规和工会资产管理制度规定的权限、程序行权履职。健全完善工会资产监管制度体系，建立监管机构的权力和责任清单，重点管好工会资产安全、规范资产运营、发挥资产效能，清单以外的事项由工会企事业依法自主决策。全面加强工会资产监督，充实监督力量，完善监督机制，严格责任追究，切实防止工会资产流失。

（二）坚持问题导向

工会资产监督管理体制改革的目的就是解决工会资产监管工作中存在的问题，要敢于正视问题，牢固树立正确的改革导向，不能因畏难情绪就对问题视而不见。要善于发现问题，找准要害问题，对每项重点改革事项，都要系统梳理问题，分析原因，找准症结，对症施策。大力弘扬担当精神，坚持求真务实，敢于迎难而上，敢于攻坚克难，以解决问题来检验干部的能力和水平，以解决问题来推动改革、促进发展。

（三）系统整体推进

工会资产监督管理体制改革是一个复杂的系统工程，不仅涉及各级工会资产管理部门，还牵涉领导权责划分、相关部门之间职责界限以及企事业单位管理等诸多方面。在推进改革时，要处理好解放思想和实事求是的关系、整体推进和重点突破的

关系、顶层设计和摸着石头过河的关系、胆子要大和步子要稳的关系、改革发展和稳定的关系；必须善于统筹推进，善于处理局部和全局、当前和长远、重点和非重点的关系，在权衡利弊中趋利避害、作出最为有利的战略抉择，不能东一榔头西一棒子。要整体设计改革措施，全面考量，总体谋划，充分考虑好改革的各个环节，有条不紊地推进。

（四）加强组织领导

强化工会资产管理体制改革责任落实。细化任务分工方案，明确责任主体，理清责任链条，任务层层分解，责任层层落实，压力层层传递，确保每项工作、每个环节能定责、可追责。加强督查督导，建立定期督办和专项督查制度，对发现的监管不严、资产流失等问题及时把关。坚持试点先行。在工会企业可探索市场化选聘经营管理者、推行职业经理人制度等，尽快形成可复制、可推广的经验。注重发挥基层首创精神，开展差异化探索实践。加快监管机构职能转变，完善工会资产监管体制改革相关法律法规和配套政策，探索建立改革创新的容错纠错机制，营造鼓励创新、宽容失败的氛围，充分调动工会资产监管干部和工会企事业职工的干事创业积极性。强化舆论宣传引导，最大限度地凝聚共识，形成推动改革的强大合力。

四、工会资产监督管理体制改革的工作内容

工会资产监督管理体制改革是要建立一套有利于服务大局、服务工会、服务职工的资产监管机构、监管制度，用有效的监管方式来落实监管职责。工会资产监督管理体制改革的工作内容要围绕这个核心要义来展开。主要有以下几个方面：

一是确定工会资产监督管理机构的性质，明确机构设置，明确人员编制，解决工会资产监督管理工作有机构、有人员的基础性问题。

二是确定工会资产监督管理部门的职能配置和工作职责，明确各级工会资产监管部门管什么，落实工会资产统一监管的职责要求，明确工作权利、责任和义务，解决职责不清、覆盖不全的问题。

三是明确各级工会组织对工会资产监管部门的授权，处理好出资人与出资人代表之间的关系，处理好业务领导与资产监管之间的关系，解决资产管理与业务管理不分、重业务管理轻资产监管的问题。

四是明确全国总工会和地方工会资产监督管理机构权责划分；明确省级工会与市级工会、市级工会与县级工会资产监管部门之间的管理权限及相互关系，解决全国工会资产监督管理体制中间管理环节不畅的问题。

第三节　建立健全工会资产监督管理体制

建立健全工会资产监督管理体制是一个系统工程，通过本节的学习，我们可以掌握建立工会资产监督管理体系的主干是明确工会资产监管机构职责和建立分层、分级的监督管理责任体系，把出资人的职责落实到位，同时把握正确处理资产监管部门和业务指导部门之间的关系的基本原则。

一、明确工会资产监管机构职责，统一监督管理

（一）明确工会资产监督管理机构是建立健全工会资产监督管理体制的组织基础

虽然目前各省级工会和绝大部分地市级工会逐步组建成立工会资产监管部门或设立专门的资产监管机构，但是部分地市级工会和县级工会仍然没有明确专门的资产监管机构或指定专门人员进行管理。已经建立管理机构的地区，机构编制不统一，

有行政编制、全额拨款事业编制、自收自支事业编制等。有些省市工会资产监管机构名称没有体现工会资产监管，如“实业发展中心”、“管理中心”等。机构、编制和名称的不明确容易出现监管机构缺位现象，致使有些工会资产无人管、有些工会企事业资产缺乏监管，出现企事业经营管理者和员工不真实反映工会资产经营情况、违规经营的内部人控制现象。只有明确监管机构，才能统一协调行政事业性资产与经营性资产的管理边界，避免有些资产处于监管真空地带，有利于工会资产的保值增值。同时，只有明确监管机构，才能避免工会组织直接参与企事业经营管理，真正实现“会企分开、会事分开”。

（二）落实工会资产监督管理机构的职责是建立健全工会资产监督管理体制的力量之源

工会资产监督管理机构是基础框架，发挥作用依靠的是职责。工会资产监管工作中的问题很多是因为工会资产监督管理机构的职责不明确和没有落到实处引起的。各级工会资产监督管理机构既要履行对所辖地区工会资产和企事业宏观管理指导的职责，又要承担起本级企事业出资人的职责，其主要职责有以下几个方面：一是贯彻执行国家有关政策法规，研究制定工会资产监督管理的方针、原则和规章制度并组织实施。检查监督工会资产规章制度执行情况，依法认定资产损失并追究资产损失责任。二是组织清产核资、产权登记、资产评估、资产统计、资产处置等工会资产的基础管理和产权管理工作。三是对下级工会资产监督管理机构的工作进行指导和监督。按权限审批或审核下级工会资产置换、资产重组、产权变动、承包经营、委托租赁、兼并破产等处置事项。四是审批、审核本级企事业重大事项和行政性资产。包括企事业经营方针，工会资产产权及土地使用权转让置换；产权变动、资产重组、招商引资、合资合作、承包经营、托管租赁；重大投资和改造项目，改革改制，关闭清算等重大事项和行政性资产的购置、处置等。五是对企事业资产的保值增值进行监督。建立工会资产保值增值指标体系，通过统计、稽核等方式对本级企事业单位工会资产的保值增值情况进行监督。建立健全资产经营目标责任制，对本级工会企事业单位经营业绩进行考核。以财务监管为核心，建立健全预决算管理、财务动态监测、定期审计监察、收益管理等制度。每年向经费审查委员会报告企事业资产情况。六是对企事业负责人的监管。对本级企事业负责人的经营业绩进行考核、评价，并根据考核结果确定薪酬，提出任免建议；完善经营者激励和约束制度。七是指导企事业发展与改革。研究拟定工会企事业中长期发展规划和发展战略，提出工会企事业发展原则、发展目标，指导和推进工会企事业优化产业结构、深化改革、加强管理和建立现代企业制度；疏通、协调发展工会企事业的政策，总结推广改革发展经验，组织人员培训。

二、实现出资人到位，分级分类监督管理

从工会资产监管机构的职责来看，各级工会组织不仅是工会资产的监管者，还要履行本级工会资产出资人的职责。“统一所有、分级监管、单位使用”的工会资产监督管理原则要求在全国总工会拥有终极所有权的前提下，各级工会组织要对本级工会组织占有使用的资产履行出资人职责和监管职责，不能因为终极所有权在全国总工会就忽略了对本级资产的监管。

工会资产的出资人权利不同于所有者权利，各级工会资产的出资人是本级工会组织，各级工会组织是各级工会资产的实际占有者和使用者，享有重大经营事项的决策权、企事业负责人的任免权和资产经营收益权。全国总工会虽然享有工会资产终极所有权，但是只是全国总工会本级资产的出资人，不能替代各级工会组织履行各自的出资人权责。各级工会落实出资人职责是工会资

产分级监管的核心所在。通过逐级授权，明确管理工会资产的范围，全国总工会和省级、市级、县级等各级工会分级行使出资人职责，负责所辖工会资产的管理、收益和处置等。建立监管机构不等同于出资人到位。“资产”是指将作为生产要素的财产投入生产经营领域，它具有增值功能，实现保值增值需要出资人职责到位，各级工会对于经营性工会资产必须要建立出资人监管制度。只有出资人到位，才能真正实现会企分开、监管与运营分离。通过出资人制度，实现工会经营性企事业单位的三个监管体系：以企事业重大决策、班子建设、收益分配以及政策制定、企事业党建等为主要内容的管理体系；以资产保值增值指标、资产营运效果、社会贡献等为主要内容的经营考核体系；以财务数据监控、工会经费审计和第三方审计为主体的监督体系。各级工会组织要健全完善本级的工会资产监管领导体系、组织体系和工作体系，努力构建本级工会组织领导班子直接抓、本级工会职能部门牵头抓、本级工会企事业单位领导班子具体抓的工作格局。

工会资产分级监管是指在统一的所有权和统一的制度框架下，省级、市级、县级工会分别对各自管辖范围内的工会资产管理工作进行监督。全国总工会和省级、市级、县级工会资产监管部门是相对独立的主体，在业务上是指导与被指导、监督与被监督关系。上级工会资产监管部门在业务上给予下级工会资产监管部门必要的指导，下级工会资产监管部门因地制宜，根据当地实际情况履行监督者的职责。把握好分级监管的关系，有利于调动各级工会组织对工会资产监督的积极性，有利于维护工会资产实际占有和使用者的利益，是健全工会资产监督管理机制的重要内容。目前，《工会行政事业性资产管理办法》、《工会企业资产管理办法》等制度文件已经明确全国总工会和省级工会在监管权限上的划分，各省级工会根据自身情况制定管辖范围内的资产监管政策。部分省市工会也制定了相应的管理办法，最终要形成“权责明晰、利益一致、上下联动、监管有力”的工会资产监督管理体系的“金字塔”式格局。

各级工会资产要坚持分类管理。工会资产包括行政性资产、事业资产、经营性资产、社团资产，其中事业资产又分为公益一类事业单位和公益二类事业单位，涉及多个行业多种性质，在管理过程中既有共性，又有特性，如果按照同一模式、同一方法、同一标准来管理，既不利于工会资产效能的发挥，也不符合工会工作的实际。其中对于共性的部分，《中国工运事业和工会工作“十四五”发展规划》中提出，要建立健全工会资产统计制度、报告制度，加大工会资产产权登记工作力度，加强工会资产管理信息化建设。对于不同类别的资产，我们根据特性分类施策。行政性资产和公益一类事业单位的资产，主要服务于各级工会组织正常运转和开展工会工作，具有配置领域的非生产性，使用目的服务性，资产补偿、扩充的非直接性，占有、使用的无偿性等特点。这部分资产在占有、使用过程中的重点是保证其实物形态的完好无损，以满足顺利、有效地开展行政事业工作的需要，它不以营利为目的，而以服务为根本宗旨。这部分资产在管理中，与各级工会组织的预算关系密切，一般宜按照相应的公共行政资产的管理办法，注重安全完整和使用效能。经营性工会资产总的来说要坚持公益性服务性方向，推进市场化社会化运作，但在运营管理中又分为公益服务型和市场竞争型。公益服务型的工会资产，不以营利为目的，主要是作为工会组织向职工群众直接提供产品和服务的平台，是工会全局工作的一部分，这类资产在管理时应注重其发挥社会效益的情况，把坚持工会企事业正确的政治方向作为首要目标，考核导向应结合经营效益和社会效益，注重产品和服务的质量，严格预算管理。市场竞争型的工会资产存在和发展的目标不仅仅是完成工会组织赋予的服务工会、服务职工的任务，还要增强营利能力，提高经营效益，实现工会资产保值增值。这类资产的管理，要以经营业绩考核为重点，加大利润、资产增值等经济指标的考核力度，强化激励约束机制，将经营者的薪酬和考核结果相挂钩，落实工会资产保值增值的责任。因此，各级工会需要根据所管辖资产的类别，制定不同的发展战略和管理办法，实行分类管理、分类考核、分类改革。

三、正确处理资产监管部门和业务指导部门之间的关系，形成工作合力

工会资产是工会组织开展工作的物质基础，尤其是工会企事业资产，不仅是资金、房屋、土地、设备设施，还是工会组织开展活动服务职工群众的载体。对工会资产加以监管的目的是为了更好地发挥工会组织的优势，发挥工会组织的作用。资产监管工作和工会全局工作密不可分，工会资产是各业务部门开展工作的重要支撑，除了具有资产管理工作的一般属性，还具备工会工作的特殊属性，必须要用大局意识和全局意识来开展工会资产监管工作。

工会行政性资产承载着服务工会组织运转的职能，行政性资产的配置、使用、处置必须满足工会工作的基本需要，资产管理部门在制定行政性资产管理制度时要充分考虑公共行政部门的一般性规律和工会工作的实际情况，不能僵化刻板地将资产作为物品来管理，应当从发挥资产服务性效能的角度，与资产实物管理部门和使用部门加强沟通和相互配合，明确宏观管理和实物管理、使用管理者之间的责任和义务，增强使用部门的资产管理意识，推进资产管理全覆盖、监管流程不缺失地落实。加强与财务管理部门的衔接，将预算管理与资产管理相结合，合理使用资金，提高资产配置效率。

工会企事业资产涉及的行业领域较广，与工会组织各部门的业务联系紧密，发展历史较长，工会企事业资产管理不仅是

资产管理，还需要通过加强资产监管，使其成为工会组织服务职工手臂的延伸，通过资产使用管理，连接工会组织相关部门的业务扩展职能。工会干部院校承担了工会干部的培训职能，在日常业务工作中与组织部门的干部教育工作相连接。工会的报社、出版社、杂志社、网络中心是工会工作的宣传平台，还向一线职工提供赠报、配备职工书屋等服务，需要与工会组织的宣传教育工作协同一致。工人文化宫、职工学校是向职工提供文化体育、教育培训服务的阵地，也是工会组织推动提高职工队伍素质、丰富职工业余生活的工作措施。工人疗养院是劳动模范和职工疗休养活动的服务直接提供者，承担着落实全国总工会劳动模范和职工疗休养工作任务。职工保险互助会和职工服务中心具体经办职工保险保障和困难救助等业务工作，已经成为工会工作的品牌。近年来，工会资产新增了妈咪小屋、户外劳动者驿站等大量直接服务职工的场所，这些场所的建设管理工作离不开女职工、职工权益保障、产业工人队伍改革等工作的推广、支持、配合。这些专业性强、涉及面广的工会企事业资产管理，需要资产监管部门加强与业务指导部门之间的联系，结合业务工作特点，制定相应的管理政策，采取不同的管理措施。同时要把握好资产管理的“度”，管理到位而不“越位”，更不能“缺位”，资产管理不能替代业务指导，也不能因为企事业有相应的业务指导部门就忽视了资产的监管。在涉及行业性的企事业资产管理工作中，资产管理部门需要主动与业务部门沟通，共同研究问题，形成良好的互动机制，共同促进工会企事业的发展。

思考题：

1. 健全和完善工会资产监督管理体制的重要意义有哪些？
2. 工会资产监督管理体制改革的主要内容是什么？
3. 简述建立健全工会资产监督管理体制的主要任务。

第四章　工会资产工作制度建设

工会资产工作制度是工会资产工作行为规范和准则的总称。工会资产工作制度建设包括制度制定、实施和监督等。只有建立健全系统完备、科学规范、运行有效、监督有力的工会资产工作制度体系，才能确保工会资产安全完整、不流失，突出公益性服务性，充分发挥工会资产服务基层、服务职工的重要作用。

第一节　工会资产工作制度建设的重要意义

“没有规矩，不成方圆。”做好新时代工会资产工作，必须加强工会资产工作制度建设，建立健全工会资产工作制度体系，依法依规监管和运营工会资产。

一、加强工会资产工作制度建设是深入学习贯彻中央党的群团工作会议精神、深化工会改革创新的必然要求

中央明确要求，规范群团组织资产管理使用制度，任何组织和个人不得侵占、挪用或任意调拨群团组织资产；群团组织应该建立健全社会资金募集、管理、使用全过程公开制度，建立第三方监督评价机制，提高社会公信力。各级工会资产监督管理部门深入学习贯彻中央党的群团工作会议精神和《中共中央关于加强和改进党的群团工作的意见》，就是要管住管严管好工会资产，发挥资产效能，努力建好用好管好工会资产阵地，

提高服务职工的能力和水平。全国总工会将加强和改进工会资产工作纳入全国总工会改革试点方案和深化工会改革创新实施方案，推动工会系统改革创新，明确要求完善工会资产监督管理体制机制，加强工会资产工作制度建设，突出公益性服务性，充分发挥服务基层、服务职工作用。《财政部关于进一步加强党的群团组织资产管理工作的指导意见》要求，加大对群团工作的支持保障力度，规范和加强群团组织资产管理，维护群团组织资产安全完整；根据群团组织性质和特点，依法依章程开展资产管理工作。

二、加强工会资产工作制度建设是贯彻落实全面依法治国基本方略、推进工会资产工作法治化的必然要求

党的十八届四中全会通过的《中共中央关于全面推进依法治国若干重大问题的决定》，提出全面推进依法治国，加快建设社会主义法治国家。《工会法》规定，工会所属的为职工服务的企业、事业单位，其隶属关系不得随意改变。《中国工会章程》规定，工会资产是社会团体资产，中华全国总工会对各级工会的资产拥有终极所有权。各级工会依法依规加强对工会资产的监督、管理，保护工会资产不受损害，促进工会资产保值增值。对于工会资产工作来讲，就是要增强法治思维，运用法治方式，不断加强工会资产工作制度建设，把工会资产工作纳入制度化、规范化、科学化轨道，依法依规确保工会资产安全完整。

三、加强工会资产工作制度建设是加强工会资产监督管理工作、推动工会资产工作高质量发展的必然要求

全国总工会十分重视工会资产工作制度建设，提出建立统一、科学、有效的工会资产监管体制的目标，强化制度监管。

目前，初步建立了以出资人制度为核心的工会资产工作制度体系，明确了工会资产工作方向、原则、职责、体制、任务、思路和途径，明确了工会企事业改革发展管理的目标和任务。各级工会按照全国总工会的要求，从本地区实际出发制定了一系列制度，提升了工会资产管理科学化水平。但是，我们必须清醒地看到工会资产管理粗放、管理不规范的问题仍不同程度存在；随着工会事业发展和形势任务的变化，一些工会资产工作制度亟待立改废释；有的地方工会执行和监督制度不到位，工会资产处置未按规定报批，存在未批先建和不按批准方案实施等问题。解决上述这些问题，都需要我们进一步加强工会资产工作制度建设，努力构建内容完备、运行顺畅的制度体系，实现有章可循、有据可依，以制度保障推动工会资产工作高质量发展。

第二节　建立健全工会资产工作制度

建立健全工会资产工作制度，是加强工会资产制度建设的前提和基础。新时代工会资产工作体制机制、形势任务发生了深刻变化，我们要对原有工会资产工作制度进行认真梳理。经实践检验行之有效、大家认可的，要予以重申，继续坚持，抓好落实，严肃纪律，形成刚性约束；不适应新形势新任务要求的，该修改完善的就修改完善，该废止的就废止，该制定新的就制定新的。要总结新的实践经验，建立新的制度，做到务实管用。在工会资产工作制度建设上，形成制度制定、制度执行、制度反馈、制度督查、制度完善的闭环，提高制度建设质量，切实织密制度的笼子。

一、建立健全工会资产工作重点领域工作制度

建立健全工会资产工作制度，既要整体规划、科学安排，

又要突出重点、抓住关键。因此，必须从各地实际出发，制定工会资产重点领域制度，加强工会资产运营关键环节监督管理，在管住管严管好工会资产上下功夫，避免管理使用上出现“黑洞”、“漏洞”。

当前，我们要努力围绕三个重点领域加强工会资产工作制度建设，善于把实践经验上升为制度成果。通过建机制、强功能、增实效，巩固深化工会改革成果。一是健全工会资产基础管理制度。制定出台《工会所属企业资产管理办法》，实现工会资产监管单位、监管范围和监管流程全覆盖。督促指导各级工会制定《工会行政事业性资产管理办法》和《〈工会所属企业资产管理办法〉实施细则》，明确分类监管要求、权限和程序，并推进工会资产统一标识管理。围绕工会资产配置、使用、收益和处置等关键环节，健全完善产权登记、资产统计、资产使用、资产评估、资产处置等各项工作制度。建立下级工会向上级工会资产监督管理部门报告工作的制度和机制，加强上级工会资产监督管理部门对下级工会的工作指导和监督。二是健全工会企事业改革发展管理制度。围绕工会企事业三大服务领域，分别制定工人文化宫、工人疗休养院、职工互助保障组织、工会院校、职工学校等行业管理制度。按照“回归公益、聚焦主业、自主经营、加强监管”的总体要求，推动工会资产阵地清理整改工作制度化规范化经常化，充分发挥工会资产效能。建立职工满意度考核和第三方评价制度和机制。三是健全本级工会资产管理制度。要把本级工会资产监管摆在突出位置，实行分类指导、分类监管、分类考核。坚持和完善工会企事业单位经营业绩考核制度，健全考核指标体系、责任体系和评价体系。制定经营业绩考核办法、重大事项管理办法、薪酬管理办法，指导工会企事业单位制定发展规划，划清监管边界、明确监管权限、规范工作流程，依法落实工会出资人职责和工会企事业单位法人自主权。

二、提高工会资产工作制度制定质量

在建立健全工会资产工作制度过程中，应努力把握好以下四个方面。

一是加强顶层设计，科学规划论证。根据工会资产工作的需要，着眼根本、立足长远，突出制度建设的系统性、整体性、协同性，科学合理确定工会资产工作制度建设的目标任务。各级工会要组织专门力量研究论证，明确责任人，列出时间表，分清轻重缓急，分期分批制定各项制度。

二是认真学习理论政策和法律法规，准确把握党和政府以及全国总工会关于工会资产工作的方针政策。深入学习贯彻党的二十大精神，认真学习经济、政治、文化、法律、管理等各方面知识，借鉴国有资产管理的好经验好做法，紧密联系本地区实际，制定相应制度。

三是及时总结经验，在实践中提炼规律并固化为制度。要深入基层和工会企事业单位调研，善于发现、总结和推广典型经验，发挥其示范引领作用，并对各地工会实践经验进行归纳提炼，准确把握工会资产工作规律。进一步明确工会资产工作职责定位，聚焦发展工会企事业三大服务领域，确立工会企事业主责主业，规范服务产品，量化工作标准。努力建好用好管好工会资产阵地，积极拓展工会资产服务职工功能，把党中央要求和全国总工会党组、书记处关于工会资产工作的一系列指示批示，用制度成果巩固下来，建立长效机制。要科学界定工会资产工作边界，建立工作权力清单和责任清单，完善工作制度，做到该管的要坚决管住、绝不缺位，不该管的要依法放权、绝不越位。要把制度的“笼子”设置得更科学一些，既不能搞“牛栏关虎”，也不能搞“牛栏关猫”，两者都会使制度成为一道摆设。

四是深化对工会资产工作重点难点问题的研究，加强典型案例分析。坚持问题导向，狠抓薄弱环节，着力深化改革，建立完善制度，并举一反三，避免制度上的真空和漏洞。同时，针对制度实施和监督中存在的问题，进一步改进制度设计，强化刚性约束，建立问责机制，让制度成为带电的“高压线”，真正起到制约震慑作用，防止问题发生。

三、建立健全工会资产工作制度体系

中华人民共和国成立以来，我国工会资产从无到有，从少到多，从弱到强。全国总工会建立完善了一系列制度，有的制度已经上升到法律法规的高度。党的十八大以来，特别是2015年全国总工会机关改革试点以来，按照全国总工会党组、书记处关于加强工会资产监管的指示和要求，立足构建内容完备、运行顺畅的制度体系，先后研究出台30余项基本工作制度和规范性文件，形成工会资产工作制度体系的基本框架，初步建立了以出资人制度为核心的工会资产工作制度体系。

通过建立这些制度，主要明确了以下几个方面的问题：一是明确了工会资产“统一所有、分级监管、单位使用”的监管原则，全国总工会对各级工会的资产拥有终极所有权。二是明确了工会资产工作的职责，即对工会资产负有监督管理职责；对本级工会企事业行使出资人职责，行使工会资产使用、经营处置事项审核审批权。三是明确了工会企事业改革发展的指导思想、目标任务、结构布局、基本思路和保障措施，并对坚持公益性服务性方向、推进职工服务阵地社会化市场化运作、推动工会资产实现高质量发展提出了指导性意见。四是明确了对本级企事业单位行使出资人职责、加强资产监督管理的具体工作任务，制定了资产监督管理办法和经营业绩考核办法。

第三节　工会资产工作制度实施

制度的生命力在于实施，制度的权威也在于实施。制定制度很重要，更重要的是抓好落实。因此，我们要狠抓工会资产工作制度实施，依法依规保护工会资产，防止资产流失。

一、推动各级工会树立资产工作制度意识

制度意识，是人们对制度的基本看法和态度，是制度建设的精神条件和观念启蒙，直接影响制度建设的实现程度。只有具备了内在的、自发的法意识，人们才会绝对地、无条件地遵守法律。制度意识指的是推动人们自觉学习、遵守、执行制度的思想基础、心理保证和内在驱动力。因此，推动各级工会树立资产工作制度意识，对于强化工会资产工作制度监督，健全工会资产工作制度建设具有重要的意义。

树立制度意识应当提升广大工会资产工作干部职工对党领导的工运事业的忠诚度，坚定理想信念，保持政治定力，以强烈的历史责任感、使命感，以抓铁有痕、踏石留印、对党领导的工运事业高度负责的态度，严格执行各项工会资产工作制度。

树立工会资产工作制度意识要求每位从事工会资产监督管理和企事业经营管理的干部职工，要深入思考工会资产工作制度的科学体系、发展创新、执行落实，在实际工作中将制度规定转化为指导开展各项工作的客观行为准则，尊重制度、遵守制度、高效执行制度，在实践中检验、修正、完善和发展工会资产工作制度，树立制度权威，规范工作程序，巩固制度信仰，摒弃等级观念与特权思想，以坚守制度的自觉意识来提高自身的思想认识和道德觉悟。

树立工会资产工作制度意识要做好以下工作。首先，“关键

少数”要发挥带头作用。各级工会领导干部特别是负责资产工作的领导干部要以身作则，明确自身职责定位，守土有责、守土负责、守土尽责，充分认识工会资产的特殊属性，以实际行动维护制度，支持工会依法独立自主管理经费和资产，维护工会资产所有者权益。其次，要积极开展宣传教育，解决当前突出的思想认识问题。“知至而后意诚，意诚而后心正”，各级工会资产监督管理机构要把制度宣传纳入制度建设大格局，通过各种形式长期坚持不懈地大力宣传《民法典》、《工会法》、《中国工会章程》和工会资产监督管理的制度规定，注重强调执行制度的强制性，大力宣传以制度创新解决问题、自觉遵守、执行制度的先进典型。贯彻执行制度是政治纪律、组织纪律、工作纪律，要提高制度意识，切实领会制度精神、熟知制度内容，把制度转化为行为准则和自觉行动。

二、依法依规全面履行工会资产监督管理职能

依法依规全面履行工会资产监督管理职能，一是要树立工会资产工作制度权威。通过严格、规范、高效地执行工会资产工作制度法律，在各级工会重塑制度意识，增强广大工会工作者、职工群众和社会公众的工会资产制度意识，充分认识工会资产工作中存在问题的严重性和解决问题的迫切性，促使依法依规监管工会资产，尊重制度、学习制度、严守制度的观念深入人心。二是要提升工会资产工作制度执行主体素质能力。各级工会组织的资产工作干部、工会企事业单位干部职工作为制度执行主体，其素质能力决定着制度执行的效果，要以高度的责任感使命感，提高自身道德水准、工作能力、知识结构、组织能力和管理能力等，依照工会资产工作制度赋予的职权和程序来实施制度，不得逾越制度。三是要建立工会资产工作制度执行的评估机制。在制度正式公布以前，要广泛征求意见建议，

评估其是否有可操作性，预测未来所能达到的社会效果。各级工会资产监督管理机构在工会资产工作制度体系建立、形成和健全过程中，要进一步发挥监控作用，如果发现问题，应当及时反馈给上级工会，以便及时修正完善。四是要增强制度执行的刚性。通过界定违法违规的性质和类别，严格明确处理处罚措施，主管工会纪检、经审、财务、资产等部门各司其职、各负其责、分工协作，真正形成有效运转的问责机制，并将问责结果按规定范围进行公示，保障工会资产工作制度得到严格遵循和实施。

三、健全工会资产制度实施工作机制

各级工会要认真贯彻落实全国总工会的要求，积极探索和改进监管方式，健全工会资产制度化工作机制。一是要完善和发展工会资产工作制度，构筑制度化保障平台。各级工会要制定符合自身实际的工会资产工作制度，建立或明确资产监督管理机构，明晰工会资产工作职能、职责、分工等，健全完善工会资产治理体系，提升工会资产治理能力，高质高效地使用、壮大和保护工会资产。二是要规范工会资产工作程序和权限，实现制度化监督管理。规定的制度就必须执行，各级工会管好本级资产工作，上级工会资产监督管理机构对下一级工会资产工作担负起指导、监督、检查的工作职责，并承担本级工会资产工作的管理责任，形成各级对本级负责、一级对一级负责的制度化工作机制。三是要完善工会资产工作制度实施评估，特别是关键核心环节的制度实施评估，准确评估制度实施的状况、绩效和规范程度，及时对制度进行完善和调整，确保制度按预期顺畅执行，提高制度实施的可控度、透明度、群众满意度，为各级工会资产工作部署决策、制度构建、体制创新提供依据。

第四节　工会资产工作制度监督

加强工会资产工作制度建设，真正做到依法、依规、依制度规范工会资产工作，监督是关键。工会资产工作制度监督，需要做好工会资产工作制度执行情况的检查与监督，对重点对象、重点环节、重点部位加强监督，切实维护工会资产工作制度权威，完善激励和问责机制，运用好监督制约手段，推进形成用制度管人、按制度办事的工会资产工作制度建设长效机制。

一、坚持严格规范高效执行工会资产工作制度

工会资产工作制度执行，是指执行和使用工会资产工作制度的活动，强调制度在执行过程中的有效性、可操作性、执行力度、执行效率等。法规制度的生命力在于执行。贯彻执行法规制度关键在真抓，靠的是严管，制度执行是工会资产工作制度建设的关键环节。

制度是靠人来执行的，无论制度体系如何完备，如果得不到有力、有效的贯彻执行，再好的制度也只是一纸空文。制度不能仅停留在理念层次，提升制度的执行力是实现依法依规监管工会资产的重要保障，需要具备较高的政策理论水平和实际操作能力。在工会资产工作宏观层面，坚持严格规范高效执行工会资产工作制度主要包括以下内容：一是协调工会资产管理和工会企事业发展相关政策的制定，如与中央和国家相关主管部门协商界定工会资产范畴、工会事业单位分类改革、指导工会企事业发展改革等；二是制定工会资产管理的方针、原则、发展规划和规章制度，推进工会资产产权制度改革；三是依法、依规、依程序进行工会资产的处置，组织工会资产清产核资、产权登记、资产评估、资产统计等基础管理工作。

在工会资产工作微观层面，坚持严格规范高效执行工会资产工作制度主要包括以下内容。一是各级工会资产监管机构作为同级工会出资人代表，按照管人、管事、管资产相结合的原则，对本级工会企事业单位实施监管，履行出资人职责。二是各级工会资产监管机构从以行政管理为主向以产权管理为主转变，从以实物形态为主向以价值形态为主转变管理，不直接干预企事业单位经营活动，通过财务预算加强财务约束，通过股东大会和董事会对工会企事业实行间接管理。三是以目标管理为核心，落实资产经营责任制，通过契约形式，明确所有者与经营者的责、权、利关系，保障所有者权益，建立经营者管理和经营者业绩评价体系，向监管的工会企事业提出考核指标，并根据业绩实施奖惩。四是实施分类管理。根据工会企事业兴办宗旨和工会企事业单位资产性质，将经营性资产分为营利性资产和非营利性资产，进行甄别管理，制定不同的发展战略，建立不同的考核评价体系。对于营利性资产实施资本管理，所有权管理的基本目标是投资回报；对于公益性较强的非营利性资产，所有权管理的重点是在资产的完整和保值增值前提下，实现其社会目标。五是建立资产经营预算制度。各级总工会应将工会财务基本预算与工会资产经营性预算分开进行，使经营性资产实现投资回报、收益分配和再投资，形成独立的运转体系和增值体系。

二、维护制度权威，追究违规责任

维护制度权威，是指完善制度监督制约，创新制度监督考评方式，建立健全以问责为主要内容的责任追究机制。

首先，维护工会资产工作制度权威是一种政治责任执行，强调各级工会资产监督管理机构对各级工会组织和职工群众负责，要在工作中贯彻执行所承担的政治责任，遵循工会资产工作制度原则、制度目标、制度精神，实现工会资产工作制度的多重价值。其次，维护工会资产工作制度权威是一种契约责任，强调各级工会资产监督管理机构要接受主管工会的领导和监督，规范工会资产监督权、管理权的运行。最后，维护工会资产工作制度权威也是一种程序要求，各级工会资产监督管理机构需要根据实际情况的发展变化，追踪反馈制度实施成果，对制度的有效性、针对性和可操作性做出评价，逐步健全完善工会资产工作制度。

监督是保证制度正当运行的重要机制。有效的监督必须保证监督主体的独立性和权威性，监督主体的活动不受监督客体的直接制约，监督客体应处于监督主体之下。各级工会要通过监督检查，及时发现和解决问题，促进各项制度执行到位，维护工会资产工作制度权威。一是要落实制度监督责任，加强督查力度。要明确责任部门，注重经常督查、综合督查、专项督查相结合，创新督查办法，强化科技手段监督，确保执行过程公平、公开、公正，形成一级抓一级、层层抓落实的工作格局，使制度监督责任无可推卸。二是要建立健全制度执行考评体系。加强对制度执行情况的日常检查和专项督查，将执行情况纳入工会资产工作年度考核检查范围，让制度管权、管事、管人的作用真正得到发挥，切实做到制度面前人人平等、制度面前没有特权、制度约束没有例外。三是要加强以问责制为主的制度执行责任追究，各级工会组织作为问责主体，各级工会资产监督管理机构要对主管工会负责任，对执行工会资产工作制度负责，有效落实依法依规监管、发挥工会资产效能工作责任，对发现的问题必须认真加以解决，决不容许文过饰非、包庇掩盖之类的现象出现。各级工会要加强督查队伍建设，切实提高监督执行的能力和水平。作为工会资产损失责任追究的执行主体，各级工会资产监督管理机构要明确监管职责，强化制度执行效果，通过教育、管理、监督等措施，切实提高监管队伍的政治素质和履职能力，抓好各项制度的落实，通过追究违规责任，维护制度权威，促使各级工会完善资产监督机制，加强资产管理。

三、推进形成工会资产工作制度建设的长效机制

各级工会应坚持从实际出发，以监督检查促进工会资产工作制度落实，以实践基础上的理论创新推动制度创新，把工会资产工作制度建设作为当前和今后一个时期的重点工作来抓，落实制度建设工作责任，推进形成制度建设的长效机制，构建系统完备、科学规范、运行有效的工会资产工作制度体系，为加强和改进工会资产工作提供更加有效的制度保障。

推进形成工会资产工作制度建设的长效机制，要把握以下工作重点。一是在查找问题上下功夫。要坚持问题导向，针对工会资产工作中存在的问题，制定相应的制度。如果不清楚问题在哪里，严重到了什么程度，如何解决，制度建设就是一句空话。对存在的这些问题，该如何解决，这应是加强制度建设的方向。二是在完善制度上下功夫。各级工会资产监督管理机构要认真学习理论政策和法律法规，准确把握党和政府以及全国总工会关于工会资产工作的方针政策，并紧密结合工作实际，制定相应制度，科学界定工会资产工作边界，建立工作权力清单和责任清单，完善工作制度，规范工作流程，加强对典型案例的分析，从中找出规律性的东西，做到该管的要坚决管住、决不缺位，不该管的要依法放权、决不越位。三是在落实制度上下功夫。制度的生命力在于实施，制度的权威也在于实施。各级工会领导干部特别是资产监督管理部门的负责人，要本着对工会事业、工会资产高度负责的精神，把制度建设作为工会资产监督管理专项检查的重要内容，树立制度“底线”、“红线”和“高压线”意识，带头落实制度，狠抓制度执行，扎牢制度

篱笆，发现问题要立即纠正，真正让铁规发力，让禁令生威。四是在强化责任上下功夫。各级工会资产监督管理机构要承担起工会资产工作制度建设的主体责任，资产监督管理部门主要负责人是第一责任人，要组织力量进行专题研究，明确责任人，列出时间表，分清轻重缓急，分期分批制定各项制度。全国总工会及省级工会和各城市工会要加强指导、做好示范。上级工会资产监督管理部门要对下级工会加强指导，下级工会也要自觉接受上级工会资产监督管理部门指导，努力形成全会一盘棋。

思考题：

1. 如何认识加强工会资产工作制度建设的重要意义？
2. 如何做好工会资产制度建设工作？
3. 如何推进形成工会资产工作制度建设的长效机制？

第五章　工会资产基础管理

工会资产基础管理是指对所有权属于工会的各类资产的经营和使用，进行组织、指挥、协调、监督和控制的一系列活动的总称。具体地说，就是对工会资产的占有、使用、收益和处置进行管理，全面规范资产配置、资产使用、资产处置、资产收益等各个管理环节，努力构建由制度规范、责任机制和信息化建设共同构成的工会资产基础管理工作体系。工会资产管理的基本目标是确保资产安全完整和保值增值，充分发挥工会资产服务效能。

第一节　工会资产产权管理

工会资产产权管理，是指各级工会依法界定工会资产产权归属关系，对占有的资产进行产权登记并办理权属证明，规范资产处置，加强工会资产保护的管理行为。工会资产产权管理是工会资产基础管理的核心环节，对于维护工会资产所有者权益，防止资产流失、提升资产配置效率和服务能力具有极为重要的意义。

一、工会资产产权界定

工会资产产权界定是指划分工会资产所有权以及占有、使用、收益和处分等权利的归属，明确工会资产产权主体行使权利的资产范围及管理权限的法律行为。

工会资产产权界定是依法进行的。在法律上，1986 年制定的《民法通则》第七十一条规定："财产所有权是指所有人依法对自己的财产享有占有、使用、收益和处分的权利。"2007 年制定的《物权法》第三十九条规定，"所有权人对自己的不动产或者动产，依法享有占有、使用、收益和处分的权利"，第六十九条规定，"社会团体依法所有的不动产和动产，受法律保护"。《工会法》第十五条规定，"中华全国总工会、地方总工会、产业工会具有社会团体法人资格"，第四十七条规定，"工会的财产、经费和国家拨给工会使用的不动产，任何组织和个人不得侵占、挪用和任意调拨"。2017 年制定的《民法总则》在第五章"民事权利"中明确，"民事主体的财产权利受法律平等保护"，"民事主体依法享有物权。物权是权利人依法对特定的物享有直接支配和排他的权利，包括所有权、用益物权和担保物权"，"物包括不动产和动产"。

明晰工会资产产权是加强工会资产产权管理的前提。1979 年，原国家计划委员会、原国家建设委员会、财政部、原国家物资总局、全国总工会联合印发《关于妥善解决各级工会房屋、设备问题的通知》，明确提出"县（包括城市的区）以上各级工会机关办公、宿舍及其所举办的工人文化宫、俱乐部、体育馆、业余学校、工会干部学校、科技活动站、疗养院、休养所、国际海员俱乐部等事业单位，所需的房屋及设备，由各级政府或部门逐步解决"，"今后地方政府应将上述工会开展群众工作的文化福利设施，纳入当地城市、港口建设的统一规划之中，根据需要和可能逐步建设"。此后，在 1985 年原国家计划委员会、财政部、全国总工会联合印发的《关于重申妥善解决各级工会房屋、设备问题的通知》、1986 年的《国务院办公厅转发中华全国总工会〈关于县以上各级工会所需房屋仍由同级政府解决的报告〉的通知》中，进一步对上述文件精神进行了明确和重申。随着工会资产产权管理意识的逐步提高，全国总工会历年来就此问题与国家有关部委联合印发了《全国总工会、国家国有资产管理局关于各级总工会及所属事业单位财产清查登记工作有关问题的通知》、《国家国有资产管理局、国务院清产核资领导小组办公室、财政部、中华全国总工会关于清产核资中全民所有制企业中工会资产清查登记有关问题的通知》、《中华全国总工会、国家国有资产管理局关于工会资产界定与管理有关问题的通知》，并印发了《中华全国总工会关于界定工会经费及其财产产权属性问题的意见》、《全总资产管理局关于破产企业工会资产的处置意见》等一系列文件，逐步明晰界定工会资产产权。

工会资产产权界定的依据、组织与程序必须符合国家法律法规以及工会资产监督管理的有关规定，工会资产产权界定的结果具有法律效力，受到法律的保护。按照有关规定，凡由工会会员缴纳的会费，建立工会组织的企业、事业单位、机关按每月全部职工工资总额的2%向工会拨缴的经费，工会所属企业、事业单位上缴的收入及工会自筹资金等其他收入形成的资产，属于工会资产。各级总工会及所属事业单位占有使用的国有资产和工会资产，任何组织和个人不得侵占、挪用和任意调拨。

工会资产界定的实际运作形式是对工会资产进行清产核资，即按照一定的程序、方法和政策，对工会行政、事业、企业等占有和使用的工会资产进行账务和实物的清查、界定和估价，以核实、核销资产真实价值量。在市场经济条件下，开展产权界定和产权纠纷处理工作，进行清查核资，合理划分国有资产、工会资产及其他产权的归属，对维护工会资产产权主体的合法权益具有重要意义。一是有利于维护工会资产所有者的权益。工会资产是工运事业的物质基础，是工会维权工作的物质保证。

通过产权界定，摸清工会资产的家底，解决工会资产管理中存在的资产不实的问题，防止工会资产流失，为维护工会资产所有者权益提供保障。二是有利于深化产权制度的改革。产权界定是明确产权关系、进行产权制度改革、建立现代企业制度的前提。通过产权界定，明确出资人产权和工会企事业法人财产权，有利于落实工会资产所有者、监督者和经营者各自的权、责、利，调动各利益主体的积极性，消除产权不明晰等障碍，从制度上解决工会资产无人负责的问题，形成工会资产所有者、监督者和经营者相互制衡的机制。三是有利于加强工会资产的管理。产权界定作为资产管理的重要基础工作，是进行产权管理、产权登记、资产统计、产权纠纷等资产管理工作的前提。产权归属关系不明，资产界限不明，其他工会资产管理工作也就失去了依托。四是通过对工会企事业单位进行资产价值重估、资金核实工作，核定工会组织投入的资本金并登记工会产权，为建立产权明晰、会企分开、职责明确、管理科学的法人治理结构创造条件。

二、工会资产产权登记

工会资产产权登记，主要是指各级工会对应属本级工会所有的资产，向政府资产管理部门和上级工会资产监督管理机构进行产权登记，依法确认工会对工会资产的所有权以及工会行政、事业单位和企业占有、使用工会资产的法律行为。在这一行为中，工会资产产权登记的主体是政府土地、房屋管理部门；各级工会资产监督管理部门依法履行、确认工会资产的所有权；工会资产产权登记的内容，是工会企事业的资产、负债、所有者权益和工会行政性资产的产权现状；工会资产产权登记的性质是“法律行为”，即产权登记具有法律效力；工会资产产权登记的对象是指占有工会资产的行政机关和各类企事业单位，其中，工会行政性资产产权登记的种类主要包括设立产权登记、变动产权登记、撤销产权登记，工会企事业资产产权登记的种类主要包括新设企业产权登记、占有产权登记、变动产权登记、注销产权登记和产权登记年度检查。

工会资产产权登记是产权界定工作的延伸，产权界定在依法划分资产所有权归属之后，需要以产权登记的方法加以确认，使产权界定的结果得到法律的认可和保护。随着经济体制改革和社会主义市场经济体制的确立，国家先后建立了土地有偿使用、土地使用权有偿出让等管理制度。各级工会都依法占有使用一定规模的土地，这是工会十分宝贵的资源性资产。各级工会必须加强土地资源的管理，依法办理土地使用证、房屋产权证和工会资产产权登记证。为此，2003 年全国总工会办公厅发出了《关于加强县以上工会占有使用土地资产管理的通知》，要求各级工会切实加强土地资产的管理，充分运用占用的土地，县以上工会（含县级工会机关及所属企事业单位，下同）需变更土地占用权，须先报全国总工会资产监督管理机构审批后，再按有关法律、法规办理相关事项。

2004 年，全国总工会办公厅又下发了《关于进一步做好工会资产有关房屋产权证和土地使用证办理工作的通知》，要求各级工会在全面摸清本地区、本产业各级工会组织占用的工会资产办理“两证”情况的基础上，对未办“两证”的房产和土地制定详细的办证方案，采取有力措施，切实做好“两证”办理工作。此次清查和办证的工作范围是县以上工会（含县级）本级及所属产业工会和直属企事业等单位所占用的工会资产中的房产、土地。由历史原因造成，无任何手续或手续不完备的，应积极与有关部门或单位协调，补齐相关手续，或与当地负责办证的部门协商解决办法。

2007 年，全国总工会办公厅再次下发了《关于做好工会不动产产权登记工作的通知》，要求各级工会充分认识工会不动产产权登记工作的重要性，增强依法保护工会资产的责任感和使命感，抓住《物权法》颁布实施的有利时机，做好工会不动产的产权登记工作。明确工会不动产产权登记的范围包括产业工会、基层工会及其所属企事业单位所有以及依法占有和使用的房屋和土地。明确工会产权登记工作的主要任务是依法办理房屋产权证、土地使用证和全国总工会工会资产产权登记证（简称“三证”），做到“三证”齐全。对于缺失历史资料、办证手续不完备的，要向有关主管部门说明情况，本着尊重历史、实事求是的原则，尽快协商解决。对于虽有完备的办证资料，但不动产被其他单位长期占用的，要采取有力措施，将不动产归还工会并立即办证。此外，还要求建立健全工会不动产情况的档案资料，实现产权的动态管理。

三、工会资产处置

工会资产处置是指各级工会对其占有、使用的工会行政、事业、企业资产进行产权转让或者注销产权的行为。工会资产处置必须按照工会资产管理的制度规定权限，对各级工会资产处置事项进行审批（审核）或备案，遵循审慎、有偿和公开、公平、公正的原则，严格履行审批程序，未经批准任何组织和个人不得擅自处置。

工会资产处置的资产价值参考依据是资产评估价格，在资产处置过程中要严格履行资产评估的法定程序。资产评估也称资产价值重估，工会资产评估是指有资质的评估机构和专业评估人员，依据国家和工会有关规定及相关经济信息，遵循一定的原则和标准，按照法定的程序，根据特定目的，选择适当的价值类型，运用专业方法，对工会资产某一时点的价值进行评定和估算。工会资产评估的目的是解决由于物价变动而造成的资产账面价值与实际价值严重背离的状况，消除因主客观原因造成的账实不符的问题，以准确反映资产的真实价值量，为防止资产流失、考核资产的保值增值、推动资产的优化配置和合理流动，营建以资本金利润率为基础的评价体系和工会资产监管机制的环境。

各级工会资产监督管理部门应根据《中华全国总工会办公厅关于印发〈工会行政事业性资产管理办法〉的通知》，结合《国有资产评估管理办法》、《企业国有资产评估管理暂行办法》等规定，委托具有相应资质的资产评估机构，按照独立性、客观性、科学性、专业性原则，根据实际情况，适当选择重置成本法、现行市价法、收益现值法、清算价格法等资产评估方法，保证资产评估的真实、合法、科学、有效进行。

工会资产管理制度规定了资产处置的范围、方式、权限和程序。一是明确处置范围，包括闲置资产，确需报废、淘汰的资产，因规划及单位分立、撤销、合并、改制、隶属关系改变等原因引起的产权或者使用权转移的资产，盘亏、呆账及非正常损失的资产，已超过使用年限无法使用的资产，依照国家有关规定需要进行资产处置的其他情形。二是明确处置方式有无偿调拨、出售、出让、转让、置换、对外捐赠、报废报损以及货币性资产损失核销等。其中，出售、出让、转让是指变更工会行政事业单位资产所有权或占有、使用权并取得相应收益的行为；置换是指工会行政事业单位与工会系统以外其他单位以非货币性资产为主或少量货币性资产（即补价）进行的交换。三是确定审批权限，全国总工会负责对各级工会占有和使用的土地以及连同地面附着的房屋建筑物一并与工会系统以外单位进行使用权或产权转让、置换的全部事项进行审批；全国总工会负责对省级工会涉及1000万元及以上金额的资产配置、资产使用、资产处置事项进行审批；省级工会负责对省本级和省级以下工会不需全国总工会审批的资产管理事项进行审批，并根据全国总工会有关规定，制定所辖工会资产管理事项的审批权限并报全国总工会备案。四是规定了审批程序，主管工会对工会行政事业单位上报的资产管理事项进行审核后提出请示，报送上级工会；上一级工会须对下一级工会报送的请示事项进行调查核实，在此基础上按审批权限进行审批或上报；全国总工会对省级工会上报的请示进行审核、审批，请示中须有省级工会给出的明确审核意见；已批复的请示事项不得擅自改变，在实施过程中有重大改变或者出现对原方案有重大影响的情形（包括原方案确定的地点变更，土地面积、建设规模、资金投入增加或减少10%及以上等）须按原审批程序重新报批；全国总工会认为有必要的事项，可作进一步核查。

工会资产处置事项的管理，需要做好以下工作。第一，要具备处置条件。列入地方政府改造规划、需要择址新建的土地和房屋建筑物，要先建设后拆除，地方政府应有明确补偿安置意见，补偿的资金总量不得低于原址土地和房屋建筑物评估现值，且新址土地应以地方政府划拨取得，占地面积均不得少于原有面积，新建房屋建筑物具有较高的建设标准；转让、拍卖、置换、赠与、转变土地用途，工会组织因合并、分立需要在工会组织内部转让、拍卖、置换、赠与、转变土地用途的，其主办工会、省级工会应有明确的审核意见；拟处置的房屋建筑物和土地应由具有相应土地、房屋评估资质的机构进行评估，以按规定权限由全国总工会、省总工会备案或核准的资产评估报告所确认的评估价值作为参考依据；置换给各级工会的房屋建筑物和土地必须权属合法、无争议、权属证明齐全；需要择址新建的土地和房屋建筑物，特别是文化宫、疗休养院、体育场馆等职工服务阵地，选址时应当考虑适合工会组织开展活动、具有发展前景和业务资源等因素，地理环境一般应位于城市商务或政务中心，人口集中、交通便利；建设资金必须得到保证，原有土地、房屋建筑物有偿转让所得、政府补助及工会自筹资金必须达到总建设资金的90%以上；处置可能会改变土地或房屋建筑物用途的，必须按相关法律、法规、规定进行；涉及工会干部职工安置的，安置方案必须符合国家政策规定，切实保障职工权益。

第二，要有完整的资产处置报批材料。报批材料包括拟处置资产的基本情况（具体位置、土地性质及面积、评估价格、房屋建筑物结构及面积、评估价格、产权归属等），资产处置的原因及方式，拟处置后房屋建筑物及土地情况（具体位置、土地性质及面积和评估价格、房屋建筑物结构及面积和评估价格、建设规模、建设资金来源、产权归属等），省级工会审核意见，当地政府批准文件和有关会议纪要，评估机构出具的土地和房产的评估报告、土地使用证和房屋产权证的复印件、评估机构出具的合作方资信情况评估报告、合作方法人证书或营业执照复印件、双方草签的合同（必须注明经全国总工会批准后方能生效）、宗地图、标明资产所处位置的地图等。

第三，要全过程监管资产处置。已经批复的工会房屋建筑物产权和土地使用权的工会资产处置事项，在实施过程中，上级工会和审批单位有责任对处置过程进行监督检查，原则上在全部处置过程完成前，根据实际处置情况至少实地检查一次；在处置事项完成时，应以书面形式逐级向批准机构报告，简要说明处置过程及处置完成后土地面积、建筑面积、建筑规模、资金来源情况、资金使用情况、登记入账情况、产权归属和产权证办理情况等；各级工会资产监督管理部门要建立健全工会资产处置管理档案并按规定期限保存。

四、工会资产收益

工会资产收益是在一定时期内利用工会资产从事生产经营活动中所产生的价值增量。工会资产收益作为生产经营的最终成果，本质上是工会资产所有者以约定方式实现其资产利益的一项财产性权利。根据工会企事业不同的组织形式和经营方式，工会资产收益有利润，股利，投资收益，承包、租赁经营所取得的收入等多种形式。

加强工会资产收益管理具有重要意义。一是可以体现工会组织作为工会资产所有者的地位。按照产权理论，所有者拥有物权的目的之一是获得经济利益，工会资产所有权以实现经济利益和价值增值为目的，工会资产收益权是所有权在经济上的实现形式。二是有利于实现工会资产的价值管理。现代资产收益制度是以资产的价值形态管理为主，为资本的流动提供了基础，有利于盘活资产、调整资产的结构和实物存量。三是有利于实现工会资产保值增值。建立规范的资产收益制度，可保护投资者的收益权，并作为考核企业经营业绩的指标，有利于企业实现投资人的资产保值增值。四是有利于在一定程度上补充工会经费收入。通过对工会企事业的宏观调控，提高工会企事业的市场竞争力，从整体上盘活工会资产，工会资产收益将持续增加，工会组织可以集中更多的资源更好地服务职工群众。

加强工会资产收益管理，要由主管工会确定收益指标并及时收缴。一是要明确工会资产收益的征收主体和征收范围。各级工会应明确征收部门为资产监督管理机构，征收范围包括行政事业性资产出租、出借、处置等收入和工会企事业的利润、股利、红利和租金、资产占有费等，做到应收尽收，应缴尽缴。二是要明确工会资产收益征收标准。主管工会要对所属工会资产实时动态监管和分类管理，综合分析资产的经营状况，确立工会企事业的经营目标和资产保值增值任务，制定不同类别工会资产的收益收缴标准和比例。三是要创新工会资产收益管理。在工会资产收益征收的具体操作方法和模式上，主管工会要注重创新征管方式，调整和规范收入分配格局，理顺收入分配关系，提高工会资产收益征收效率。四是要形成工会资产收益管理机制。遵循工会资产收益内在运行规律，统一核算、统一分配、统一监管，建立工会资产的收益征收机制、预算约束机制、收入使用机制、绩效评价机制和监督机制联动的工会资产收益管理机制，促进工会资产的预算、收益、分配和监督等管理活动相互制约、协调、规范运行。

工会预算约束机制是工会资产收益管理的起始环节，正确合理地管理工会资产收益，必须编制工会资产经营预算。工会资产经营预算，是指工会组织以工会资产所有者身份取得的收入和工会用于发展工会经济及工会资产经营的支出预算，是复式预算的另一方面。强化预算约束机制，完善工会资产收益预算管理机制。一是要科学管理工会资产收益，将资产收益纳入主管工会经费预算中，实现资产配置管理和收益管理的有效衔接，规范资产收益、新增资产配置和资产收益使用的管理，有效保证国有资产收益上缴。二是要切实发挥工会资产监督管理机构职能，对工会企事业单位实行区别管理，对那些经营规模较大、效益较好、实现利润较多的工会企事业单位制定上缴比例，编制资本经营预算。三是要强化对工会资产收益征缴的监管。各级工会通过建立工会资产的经营预算，自觉接受工会会员、代表大会和经费审查委员会的监督与评价，完善工会资产收益机制，堵住工会资产收益的“跑冒滴漏”，确保工会资产收益及时足额收缴，提高工会资产经营管理水平，实现工会资产的保值增值。

工会绩效评价机制是工会资产收益管理的关键环节，新形势下加强工会资产绩效评价，对于提高工会资产的安全、质量和使用效益，具有十分重要的意义。首先，能够强化各级工会及其资产监督管理机构、所属企事业单位的工会资产管理意识，强化各级工会及企事业单位负责人和干部职工的责任意识，对所属工会资产管理和利用进行一定约束和激励，逐步强化工会资产管理。其次，能够履行资源配置职能，有效提升工会资产的使用效率。通过绩效评价，依法对工会资产进行优化再分配，公平有效调节工会资产配置，及时发现工会资产管理上存在的问题和缺陷，实现工会组织资源配置的结构最优化、效益最大化，提升工会资产的使用效率。最后，能够发挥工会资产管理的杠杆作用，调动工会企事业单位积极性，注重资产效益，保证重点任务，理顺工会资产预算、收益、考核和分配的关系，促进工会企事业的可持续发展。

第二节　工会资产统计与分析

工会资产统计与分析的基本任务，是对各级工会组织的资产情况进行统计调查、统计分析，提供统计资料和统计咨询意见，实行统计监督。工会资产统计与分析是规范工会资产监督管理的一个重要组成部分，也是工会资产宏观决策的一项基础性工作。

一、工会资产统计概述

工会资产统计，是指全国总工会通过调查表格、问卷、行政记录、大数据以及其他方式，对全国工会资产的存量、分布、结构及其变动、工会资产经营业绩和使用效益等基本情况进行收集、汇总、检索和分析等，全面、真实、系统地反映全国工会资产变动及运行情况，为宏观管理和决策提供依据。

工会资产统计级次共分六级，即全国总工会、省级工会、地（市）级工会、县（市）级工会、乡镇（街道）工会和基层工会。工会资产统计类型和内容可分为两大类：一是对工会机关单位（含产业工会）行政性资产的实有单位数、实际统计单位数、资产总额、固定资产负债总额、净资产总额、占有土地面积、全部房屋建筑面积、资产流失总额及两证产权已全部登记数等进行统计；二是对工会所办企事业单位（以下简称工会企事业）资产的单位总数（企业、事业单位、社会团体）、资产总计、负债合计、所有者权益（净资产）、资产流失总额、收入总额、利润（收支结余）总额、交纳各种税金、上缴工会收益、占地面积、建筑面积、年末从业人员数等进行统计。

工会资产统计在工会资产工作中发挥着重要作用。一是为工会资产宏观决策提供基本依据。统计是管理的基础，是决策的依据。按照规定，统一填报报表，可以全面反映工会资产经营状况、经济实力、资产质量、社会贡献等情况，为进行工会经济结构调整、实现资产的优化配置、编制长期发展规划和进行宏观决策提供重要依据。二是作为规范工会资产监督管理的必要手段。各级工会通过建立统计报告制度，对工会投资的企事业经营状况进行全面的分析，客观地总结工作经验，及时发现工作中存在的问题，提出解决问题的可行措施，制定出进一步提高工会资产运营效率的方案。这对加强工会企事业内部管理和监督，促进工会企事业改革，转换企业经营机制，推动建立现代企业制度具有十分重要的作用。三是有利于工会资产的安全和完整。通过建立科学、规范的工会资产统计报告制度，可以将各级工会资产的变动、转移、处置等行为置于规范、严密的监控之下，从而保证工会资产的安全与完整。

为加强工会资产统计，要坚持以下统计工作原则。一是明确统计目的，做好工会资产统计，充分重视资产统计工作的重要作用，明确统计重点、提供可靠数据，全面反映工会资产整体情况，从而防止资产流失、个人私吞等现象的发生。二是确保统计准确。准确性是工会资产统计的生命线，资产统计用实际数据说明问题，统计人员要坚持严肃负责的工作作风，认真对待资产统计工作，保证统计数据的真实性和可靠性，保证统计结果的准确性和可信度。三是有效落实分级管理、分级负责的原则，抓好工会资产统计工作。各省级工会资产监督管理机构应当认真做好本级工会资产和下级工会资产统计报告的审核工作，确保工会资产统计报告各项数据资料的完整和真实。凡发现报表编制不符合规定，存在漏报、错报、虚报、瞒报以及相关数据不衔接等情况，应当要求有关单位立即纠正，并限期重报。

二、工会资产统计报表与分析

工会资产统计报表主要反映一定时期内工会资产运行的基本情况，是摸清家底的重要手段，也是加强工会资产监督管理的前提条件。工会资产报表可分为月报、季报、年报三个时段。年报统计基准日为每年 12 月 31 日，上报内容包括：行政性资产统计报表，如《××××年度全国各级工会行政性资产统计表》；企事业资产统计报表，如《××××年度全国工会企事业资产情况统计汇总表》、《××××年度全国工会企业资产情况统计表》、《××××年度全国工会事业单位资产情况统计表》、《××××年度全国工会社会团体资产情况统计表》和《××××年度全国工会××资产情况统计表》。

各级工会应对年度工会资产统计情况进行全面分析并提出建议，逐级上报分析报告。分析报告包含以下四个方面的内容：一是工会行政性资产情况分析。既要有总体情况，又要有具体说明，特别是对报表中数额变化较大的项目要加以分析解释。

二是工会企事业资产情况分析。详细说明工会企事业资产统计数据较上年度总体的变化情况及原因。三是本地区工会资产监督管理情况，资产监督管理中所做的工作、取得的成效，存在的问题及采取的措施。四是本地区工会资产监督管理机构和人员变动情况。

工会资产工作对编制和填报统计报表有一些基本要求。一是人员的专业性。统计人员应具有一定工会资产管理水平和工会财务专业知识，熟悉并掌握工会资产管理相关制度和规定。二是内容的完整性。填制工会资产报表时，必须依据全国总工会印发的《关于划转工会行政性资产管理职能的通知》和全国总工会关于本年度做好全国工会资产情况统计表报送工作的有关规定，严格按照全国总工会下发的统一规定的格式、种类和内容逐项填报，不得漏填漏报，不得敷衍了事。三是数据的真实性。填制工会资产报表，要求各级工会及企事业单位对工会资产经营项目按期结账、对账，进行全面或部分的资产清查，对工会固定资产的增减变动情况进行全面核查和掌握，做到账实相符、账证相符、账表相符，并使填制的数据真实、相互衔接、互不矛盾。四是填报的及时性。各省、市、县级工会，乡镇街道工会，基层工会要严格按照上级的要求及时上报工会资产统计数据。各单位平常应做好基础性工作，注意收集、归纳各种资料，准确反映工会资产经营状况和变动情况。

工会资产统计分析评价的基本内容应涵盖：资产和净资产情况分析评价；资产分布情况分析评价；工会行政性资产和工会企事业资产（包括非经营性资产和经营性资产）比例情况分析评价；资产统计率情况分析评价；资产流失情况分析评价；土地和房屋建筑物占有面积情况分析评价；办理产权（土地使用证、房屋产权证、工会资产产权登记证）登记率情况分析评价。

县以上工会组织资产监督管理机构要重视数据统计分析的重要性，做好工会资产数据统计分析评价工作，建立完备的工会资产数据库，完成各类资产数据的查询和统计分析，每年度向上级工会资产监督管理机构和本级工会经费审查委员会提交工会资产统计分析评价报告。通过利用各类统计分析方法分析数据，评价全国县级及县级以上工会、基层工会上报的资产变动情况、经营状况，可以系统地了解和掌握工会资产在运行过程中所取得的成效、存在的不足和提出改进的意见，综合反映工会资产管理情况，及时调整资产配置并进行优化，提高工会资产监督管理水平，促进工会资产管理工作向程序化、规范化、科学化的方向发展。

三、工会资产统计工作的组织管理

工会资产统计工作，按不同层级工会资产监督管理机构来负责组织领导和实施。在县级以下基层工会层面，县级工会资产监督管理机构负责组织实施本区域的工会资产统计工作，确定统计范围内的单位名单，布置统计工作任务，汇总统计数据，逐级向上一级工会资产监督管理机构报送汇总统计情况。在省级以下、县级以上工会层面，各省（自治区、直辖市、产业工会）级工会资产监督管理机构负责组织实施本地区的工会资产统计工作，推动本地区、本系统各级工会做好资产统计，填写各项资产统计报表，向全国总工会资产监督管理部报送工会资产统计数据和汇总分析报告。在全国总工会层面，全国总工会资产监督管理部负责组织实施全国各级工会资产统计工作，分解落实统计工作任务，汇总各省级工会资产统计数据，填写全国工会资产统计报表，向全国总工会经费审查委员会报送统计情况。

加强工会资产统计工作的组织管理，要做好以下工作。一是要建立健全组织机构。全国总工会资产监督管理部设有专门机构和人员负责全国工会资产的统计评价工作，全国县级及县级以上工会机关也应设立或明确专管机构和资产统计专（兼）职人员。二是要完善工会资产年度报表的报送程序。工会资产年度报表是通过全国总工会资产管理系统网络平台，由各级工会资产监督管理机构向上一级工会资产监督管理机构自下而上逐级填报，经审核后上报全国总工会资产监督管理机构。三是要做好工会资产年度报表的汇总。全国工会资产年度报表应根据各省、自治区、直辖市工会填报的工会资产统计情况审核汇总。四是要强化工会资产年度统计的运用和管理。各级工会资产管理机构应该对本级所监管的工会企事业单位资产的存量、资产的分布、资产的质量、资产的经营情况和存在问题等进行分组、分类统计分析，及时准确地为工会领导集体决策提供依据。五是要加强数据信息管理。各级工会资产管理机构要依照国家相关的法律法规，严肃工作纪律，加强对工会统计报表和数据的管理，保守所属企事业的商业秘密。

自工会行政性资产管理职能划转到全国总工会资产监督管理部后，实现了行政、事业、企业资产统一归口管理，各级工会要明确职责分工、专人负责统计工作、增强依法依规监管意识，充分提升对资产统计工作的重视程度，加强统计基础工作，保证统计数据的真实性和可靠性，用实际数字来说明工会资产工作的成绩和问题。一是要健全完善工会资产统计报告制度。各省级工会分管资产工作领导承担监督责任，各级工会资产统计工作负责人承担第一责任，各级工会资产统计人员承担主体责任，严格遵守执行统计法律法规及工会资产监督管理的有关文件制度，依照全国工会资产统计调查制度组织实施统计调查，对数据质量进行核查，加强统计数据采集、处理、存储、报送和发布等环节的数据质量控制。二是防范和惩治工会资产统计人员统计造假、弄虚作假，在全国总工会资产监督管理部的统一部署下，各省级工会切实履行工会资产统计领导、指导和督导责任，建立健全谁主管、谁负责，一级抓一级、层层抓落实的责任体系，对县级以上工会资产统计工作负责人及统计人员，强化统计普法宣传教育，严肃追究统计造假、弄虚作假的责任，为提高统计数据真实性、准确性、完整性和及时性提供扎实的体制机制保障。三是依纪依法严肃追究责任，如存在参与篡改工会资产统计资料、编造虚假数据，工会资产统计上弄虚作假，发生大面积或者连续发生统计数据造假问题，应当予以批评或通报，保障统计数据质量。

第三节　工会资产管理信息化建设

工会资产管理信息化建设，是指构建工会资产工作信息网络平台，建立完善工会资产基础数据库，对各级工会组织的资产进行全过程、全方位的动态管理，推动工会资产工作信息化、网络化、规范化。

一、工会资产管理信息化建设的意义

随着信息技术的发展，信息化管理已经成为一种先进的管理方式，探索和实践工会资产管理信息化建设，采用现代信息技术和现代管理手段对各级工会的资产进行集中、统一、规范、科学的管理，可以实现工会资产全周期、全过程、全方位的网上动态监控。

推进工会资产管理信息化建设，首先是加强和改进工会资产管理的客观要求。从国有资产管理信息化建设的发展历程来看，1999 年，为适应信息全球化迅猛发展的趋势和我国政府管理现代化、信息化发展的要求，按照党中央、国务院的指示，

财政部开始规划建立政府财政管理信息系统。2002 年初，国务院正式命名财政部政府财政管理信息系统为“金财工程”。2005 年，国务院办公厅发文明确指出，要“通过加快信息化建设，加强国有资产经营管理，有效防范和减少国有资产损失，最大限度地实现国有资产保值增值”。随后，国务院国家机关事务管理局建立起一套相对完整的“中央行政事业单位资产管理信息系统”，全国各行政机关及企事业单位通过该系统定期上报各单位资产数据，形成了数据上报的信息化动态监管。2015 年，《国务院关于印发促进大数据发展行动纲要的通知》从国家大数据发展战略全局的高度，提出要支持宏观调控科学化，推动政府治理精细化，推动宏观调控决策支持、风险预警和执行监督大数据应用。财政部在《关于进一步规范和加强行政事业单位国有资产管理的指导意见》中，明确“要依托行政事业单位资产管理信息系统，建立全面、准确、细化、动态”的国有资产基础数据库。

推进工会资产管理信息化建设，是加强和改进工会资产工作的必由之路。2017 年，为深入推进全国工会网上工作，形成网上网下深度融合、互相联动的服务职工新格局，更加高效便捷地服务职工群众，全国总工会下发《中华全国总工会关于印发〈全国工会网上工作纲要（2017—2020 年）〉的通知》，提出要进一步增强互联网思维，走好网上群众路线，不断提升运用网络服务职工的能力水平，实现互联网时代中国工会的转型升级。现有的工会资产统计平台于 2008 年开始设计建设，2009 年正式使用，其功能仅限于工会企事业资产统计资料报送，已远远不能满足工会资产工作实际需要。贯彻落实全国总工会党组、书记处关于大力推进网上工会建设的要求，建设工会资产管理网络信息系统，将先进的计算机网络信息技术应用到工会资产管理的工作实践中，推动工会资产工作流程再造、创新发展，实现工会资产工作与互联网深度融合，工会资产服务职工普惠化、业务管理扁平化，对于加强和改进工会资产工作具有重要的现实意义。

推进工会资产管理信息化建设，是加强和改进工会资产工作的重要手段。建立工会资产数据库，通过信息技术规范工会资产管理，可以简化工作流程，提高工作效率，有助于工会资产监督管理机构全面掌握所属的资产总量和分布状况，及时调整、优化工会资产配置，实现全过程动态管理，科学有效管理工会资产。在大数据环境下，还可以充分开发并利用海量的资源，通过信息资源的有效利用和资源共享，实现资产相关数据的集中存储、查询、统计和分析，为各级工会的资产管理宏观决策提供可靠的参考依据。

二、工会资产管理信息化建设的目标任务

工会资产管理信息化建设是一项系统工程。根据工会资产全面统一监管的工作实际，全国工会资产监督管理系统的功能要求主要有以下几个方面。

（一）技术性要求

一是要能够跨平台运行。工会资产管理系统要采用当前成熟的、主流的技术，实现真正意义上的跨平台运行，支持分布式应用，可以在多种硬件平台和操作系统上运行，以便各级工会可以根据业务需要和投资能力选择最佳平台，并顺利实现不同应用水平阶段的平滑过渡。二是要具备高可靠性和安全性。开发时要选用可靠的硬件设备、操作系统及数据库系统，采用目前使用最为广泛的数据库开发工具，保证系统具有更高的可靠性、稳定性、可控性和安全性，能够对各种意外情况做出正确处理，保证放在数据库中数据的安全，保证数据交换的安全性，对系统内部数据记录的存取、删改权限进行有效管理，防

范越权操作、黑客入侵。三是要实现简单化。工会资产管理系统软件应具有较好的可扩展性、易修改性、可复用性，避免维度固化，可适应实际工作中需求变化进行调整。软件应简便易学、界面友好，让使用者能尽快接受这个新系统，减少培训难度和费用，降低日常维护难度。

（二）功能性要求

一是要高度模块化。工会资产管理系统应涵盖工会资产工作的各监管范围、监管单位、监管环节，保证各子系统中的各项功能，实现对系统的自由剪裁和重新配置。进入系统各数据库的数据信息能根据事先设定，遵循管理工作的内在规律和内在联系，传递到相关功能模块中，达到数据高度共享和系统高度集成。二是要能够进行大数据分析。在资产统计功能基础上，工会资产管理系统能够对各级工会资产的大量数据信息进行大数据分析，自动对分析结果做出大概的判断，并分析由此产生的影响，大数据分析的原始数据和分析结果能够简捷下载，为各级工会资产监督管理机构提供决策帮助。三是要能够实现实时动态管理。工会资产管理要从传统以电子文档和纸质报表配合进行管理的电子卡片式资产管理模式，发展为对工会资产工作全程跟踪的数字化、网络化、动态化实时管理模式，建立覆盖全国的工会资产动态数据库，全面、准确、动态地反映资产各项数据信息，可根据系统授权按任意工会层级、单位信息、时间点等要素，方便、快捷地查询和分析资产占有、使用及增减变动情况。

（三）智能性要求

一是要重组工会资产工作流程。以各级工会组织、各单位的资产信息管理为中心，实时对资产运行各个环节进行监控、跟踪和分析，及时发现工会资产工作业务流程存在的问题，协调各级工会资产监管机构围绕工会资产工作任务目标，全面系统地掌握资产的相关信息，整合资源，强化对资产的监控，消除信息不对称，优化业务和信息流程，建立与全国工会资产监督管理系统相适应的工作流程，创新资产监管手段，改进资产管理模式，确保对工会资产工作各个环节进行全过程管理。二是要推进工会资产工作智能化。在系统中依次设定各级工会资产监管机构的职责与权限，依托技术手段规范资产管理行为和业务工作规程，建立一个真正的网上工会资产管理系统，建成全国各级工会资产监管机构统分结合的信息化办公系统和协同管理服务中心，由各级管理人员在网络上实施各项管理活动，传递共享管理信息，实现资产购置、调拨、处置、清查、统计、分析等信息处理和日常业务管理，在网上完成资产管理的申报、审核、审批，最大限度地帮助各级工会资产监管机构合理利用和发挥资产价值，减少工作量，提高工作效率，缩短数据处理周期。三是要发挥工会资产服务职工重要作用。创建工会网上工作平台，搞好服务职工网络建设，是工会改革创新的一项重要内容，按照工会“互联网+”行动计划，形成网上网下深度融合、互联互通的工会工作格局。“工会统一所有、分级监督管理、单位占有使用”的工会资产监督管理体系，也有利于在全国范围内建设垂直管理的工会资产监督管理系统。工会资产监督管理系统建成后，可以全面准确实时掌握全国工会资产信息，全面规范和加强工会资产工作，把工人文化宫、俱乐部、职工学校、疗休养院、帮扶中心等职工服务阵地有效组织起来，建设成为特色鲜明、功能完善、管理科学、服务优良的服务阵地，成为承接工会开展为职工服务活动的主体，逐步扩大其承接政府购买公共服务的份额，为广大职工群众提供公益性、普惠化的优质公共产品和服务。

三、工会资产网络信息工作平台建设

推进工会资产网络信息工作平台建设，在具体开发过程中，应注意以下问题。一是要慎重选择合作开发系统的软件公司。选择一个合适的软件公司是成功实施系统开发建设的关键，在招投标采购软件服务时，建议按综合评分法，从工会资产工作实际需求、软件公司的实力与信誉、系统的稳定性、软件功能的拓展与开放性、二次开发工具及其易用性、软件文档完善度、良好的售后服务与技术支持、合适的价格等方面进行综合考虑，选择合作开发系统的软件公司。不能单纯以最低评标价法选择软件公司，避免造成实施时间、二次开发或用户化时间过长等后期问题。二是要切实做好终端工作人员的培训工作。工会资产监督管理系统的使用将在较大程度上改变现有工会资产工作方式和工作流程，安排相应预算资金，统一要求各级工会资产监督管理机构实施全过程培训，对从事系统建设的管理、统计等相关工作人员，分不同层次、不同程度地进行软件功能使用培训，从源头上保证各项原始资产数据输入的准确性及完整性，使系统能真正实现预定要求，充分发挥功能作用。三是要有效加强项目管理。系统开发、建设、实施的项目管理规范化是成功的保证，要对工会资产监督管理系统建设项目制定一个动态规划，建立项目管理标准，组织业务处室成立项目管理团队，资产监督管理机构也要全程参与其中，监督控制系统建设的各阶段，及时沟通协商重要问题，充分考虑未来升级更新需求，确保系统建设成功，实施预期功能要求。

工会资产网络信息工作平台建设的工作重点，主要有以下几个方面。一是在管理制度上，构建整体的工会资产管理信息化体系。为满足大数据分析的需要，各级工会要实现资产统一管理和信息共享，要明确资产信息记录细则，对每一次资产变更造成的价值变化都要详细记录。二是在管理人员上，要培训一批能够熟练应用工会资产网络信息工作平台的工作人员。资产工作人员应具有责任感，具备专业的财会、资产管理、计算机知识。三是在资产管理系统上，要构建大数据分析系统。以建设资产账目管理系统和资产信息查询系统为基础，对所收集的数据进行存储和利用，充分利用数据库常用的数据仓储和数据挖掘技术建立数据分析系统，建立工会资产管理的大数据分析系统。四是在数据应用上，从以数据存储为主改为以数据应用为主。通过对工会资产信息的大数据分析，各级工会资产监督机构、企事业单位管理人员可以及时了解资产使用情况和价值变化，充分应用资产信息资源，最大程度地发挥工会资产的潜力，实现工会资产利用率与资产管理水平的不断提高。

思考题：

1. 加强工会资产处置管理需要做好哪些工作？
2. 工会资产统计在工会资产工作中的重要作用有哪些？
3. 简述工会资产管理信息化建设的目标任务。

第六章　坚持工会企事业公益性服务性

坚持工会企事业公益性服务性的发展方向主要包括公益性服务性的必要性和重要性、基本内涵、贯彻落实的总体要求等内容。掌握这些知识，有助于我们构建起对于公益性服务性的完整认知，全面掌握贯彻落实的实践要求。

第一节　坚持工会企事业公益性服务性的必要性和重要性

坚持公益性服务性，要求我们深刻把握坚持公益性服务性的重要意义。只有从党对工会工作的要求、工会组织的职责定位、职工群众的实际需求等角度出发，深入解析，才能明确为什么一定要坚持公益性服务性。

一、坚持工会企事业公益性服务性是保持和增强工会组织政治性、先进性、群众性的必然要求

各级工会举办的本级企事业是各级工会组织最紧密联系、最直接服务职工群众的前沿阵地，直接影响到职工群众对工会的印象，必须自觉地体现政治性、先进性、群众性的要求，并将其转化为具体的服务方向、战略定位、目标要求、工作任务和工作职责，贯穿到经营管理工作的全过程。工会企事业的公益性服务性，就是贯彻落实政治性、先进性、群众性要求的具体体现。

（一）工会企事业是党和国家委托工会组织举办的服务职工的阵地，必须把政治性作为自己的灵魂

始终保持和增强政治性，就是要坚定不移地为党的事业做贡献。只有保持和增强政治性，才能保证工会企事业的方向不偏、阵地不丢、功能不变。保持和增强政治性，一是要求工会企事业在思想上、政治上、行动上始终同党中央保持高度一致，坚决贯彻党的意志和主张，各方面工作都以贯彻落实党中央的决策部署为前提，推动党的路线方针政策落地生根，切实承担起引导职工群众听党话、跟党走的政治任务。二是要求工会企事业紧紧围绕党和国家工作大局、工会工作全局开展工作，突出公益导向，聚焦主责主业，充分发挥服务职工、服务基层的阵地作用，成为工会工作手臂的延伸，不断巩固党的阶级基础和群众基础。三是要求工会企事业全面落实从严治党要求，将党的领导和党的建设贯穿于工会企事业经营管理全过程，以党的政治建设为统领，全面推进党的政治建设、思想建设、组织建设、作风建设、纪律建设，把制度建设贯穿其中，深入推进反腐败斗争。进一步提高党建工作水平，切实做到“两手抓、两促进”。

（二）先进性是群团组织履行职责使命的内在要求

工人阶级具有先进性，工会企事业只有把保持和增强先进性作为重要着力点，才能担负起服务广大职工群众，增强工会组织吸引力、凝聚力、战斗力的使命。从工会企事业的性质来说，工人文化宫、职工学校、工会报刊等，本身就是弘扬社会主义先进文化的载体，是意识形态领域的主阵地。职工疗休养院、互助保障组织等工会企事业则把培育和践行社会主义核心价值观的责任内化在自身开展的服务职工的活动中。保持和增强先进性，一是要求工会企事业大力弘扬工人阶级伟大品格和劳模精神、工匠精神，打造健康文明、昂扬向上的职工文化，

把社会主义核心价值观内化为职工群众的价值，充分发挥“大学校”作用。二是要求工会企事业牢牢把握为实现中华民族伟大复兴的中国梦而奋斗的时代主题，服务产业工人队伍建设改革大局，大力发展职业学校教育和职业培训，促进职工技术技能的提高和素质结构的优化，为建设高素质的产业工人队伍贡献力量。三是要求工会企事业不断加强和规范管理，努力做优做强，提升发展质量效益，成为管理规范、经营稳健、绩效优良的代表，努力成为展示工会管理先进性的窗口，提升工会影响力的平台。四是要求工会企事业依法依规开展经营管理活动，自觉履行社会责任，做爱国敬业、守法经营、创业创新、回报社会的典范，在所在行业发挥示范作用。

(三) 群众性是群团组织的本质特征，群众路线是工会工作的生命线和根本工作路线

工会组织最根本的特征之一，就是通过自己的活动来联系职工群众、组织职工群众。从兴办工会企事业的初衷看，为职工群众服务，满足职工群众不断增长的精神文化需求，是工会企事业的本分。工会企事业只有在服务职工群众的主责主业中才能实现自身持续健康发展。离开了群众性，工会企事业就丧失了存在的价值和意义。从特点和优势看，工会企事业处于联系、组织、服务职工的第一线，以广大职工群众为直接服务对象，通过主动地、创造性地开展形式多样的活动，努力把广大职工群众紧密团结在党的周围。联系和服务职工群众，既是工会企事业的生命线，也是衡量工会企事业工作成效的标尺。随着经济社会的不断发展，职工群众的需求也在不断发展变化，这就要求工会企事业不断优化功能定位、强化公益属性、增强服务能力。坚持以职工群众为中心的工作导向，让职工群众当主角，构建符合职工需求的运行模式、服务内容、服务方式和工作评价体系。如开展面向新就业形态劳动者的文化、疗养、

互助保障服务项目；在工人文化宫、职工学校等窗口单位推行错时上下班、周末值班制、职工预约制和上门服务制；坚持非营利性的定位，为广大职工群众提供技能提升、困难帮扶、疗养休养、职工文化、互助保障等普惠性服务；建立服务效能动态监测机制和服务绩效评价反馈机制，不断提升服务职工的效能，增强职工群众获得感等。

二、坚持工会企事业公益性服务性是履行工会基本职责的必然要求

工会企事业的性质和方向，是关于工会事业发展的战略问题。《中国工会章程》规定，“维护职工合法权益、竭诚服务职工群众是工会的基本职责”，“工会兴办的企业、事业，坚持公益性、服务性，坚持为改革开放和发展社会生产力服务，为职工群众服务，为推进工运事业服务”。《中国工会章程》的规定，从根本上明确了工会企事业的性质和方向。

（一）坚持公益性服务性是增强工会组织维权和服务能力的必然要求

工会阵地是工会工作体系的重要组成部分。有职工的地方就需要有工会组织，有组织的地方就需要有阵地。通过职工活动阵地，搭建为职工服务的平台，并以阵地为依托开展各种形式的活动服务职工，让职工感受到工会的存在。可以说，职工活动阵地是工会的窗口，是工会组织的形象、标志，也是服务能力的集中体现。多年来，工人文化宫、职工服务中心、职工学校、职工疗休养院所等在组织、教育、引导和团结职工等方面发挥着不可替代的积极作用。工人文化宫（俱乐部）、体育场（馆）作为职工文化体育活动阵地，开展各类健康有益的职工文体活动，极大地丰富了职工的业余生活；工会院校、职业学校等开展多层次的职工教育和职业培训活动，参与实施全国

职工素质建设工程，提高了职工的工作技能和职业素质；工人日报、中国工人出版社等积极宣传党的路线方针政策及社会主义核心价值体系，有助于提升职工群众的思想、政治、文化素质；工人疗休养院为劳动模范、职工群众提供工伤康复、疗休养、旅游服务，对于防范和治疗职业病、保持职工身心健康多有助益；职工互助保障组织以中低收入职工群体为主要的服务对象，发动职工参与互助保障计划，有效缓解了职工在患病、工伤、养老等方面的经济负担，维护了职工的基本经济利益。工会企事业在多个方面努力为广大职工办实事、办好事、解难事，提高了工会服务职工的能力，完善了服务手段，拓展了服务领域，在党和政府主导的维护职工权益机制中充实和丰富了工会的作用和优势，增强了工会的吸引力、凝聚力和战斗力。以后，工会企事业也必将伴随着中国工运事业的发展而发展，推动工会工作进入我国经济和社会发展更广阔、更深入的领域。要从提高工会组织履职能力、丰富发展维权机制和服务体系的角度，认识坚持工会企事业公益性服务性的必要性。

（二）坚持公益性服务性是工会组织服务党和国家工作大局的必然要求

党和国家允许工会兴办企事业，在大量清理党政机关所办的企事业时仍然保留了工会企事业，国家财政对部分工会企事业还给予大量资金支持，就是希望工会通过兴办企事业来更好地发挥桥梁纽带作用。这些年来，工人文化宫（俱乐部）、体育场（馆）、疗养院、社会保障组织、职工服务（帮扶）中心等工会企事业以公益性为目标，面向社会提供公益服务，已经成为许多地区改善民生的窗口，是社会公共文化、医疗、社会保障服务体系的有机组成部分。公共产品的特性要求工会企事业必须坚持公益性服务性。

（三）坚持公益性服务性是保障工会组织开展工作的必然要求

工会资产是社团资产，是工会组织作为社团法人存在和履行职能的必备条件，工会企事业资产是其中的重要组成部分。《工会法》把工会所属的企业、事业单位上缴收入，作为工会经费的重要来源之一，并且明确规定："工会所属的为职工服务的企业、事业单位，其隶属关系不得随意改变。"《工会法》的这些规定，使工会兴办企事业得到了法律支撑。随着近年来工会企事业单位的改革发展，增强了工会的经济实力，成为工会日常运作和发挥职能的有力支持。同时，工会企事业为工会职能的实现提供了活动空间，为工会开展活动提供了活动场所，成为工会发挥作用的物质载体之一。因此，发展工会企事业，不仅增强了工会自身的经济实力和影响力，也提高了工会发挥职能、服务职工的能力。工会企事业的公益性服务性与依法履行工会职责、夯实工会物质基础的作用是分不开的。

三、坚持工会企事业公益性服务性是满足职工群众需求的现实需要

工会企事业主要存在于直接服务职工的领域，为广大职工群众做实事、办好事、解难事。坚持公益性服务性是满足职工群众需求的现实需要。

（一）坚持公益性服务性有利于强化工会组织密切联系群众的优势

工会组织最大的优势是密切联系职工群众，工会组织最大的危险就是脱离职工群众。加强和改进工会资产工作是深化工会改革的重要组成部分，工会企事业本身就是基层，是工会组织最直接服务职工群众、最紧密联系职工群众的阵地和载体。重视工会资产工作、强化工会资产服务职工功能，既是增强基

层活力、推动工会工作重心下移、力量下沉的必然举措，又是增“三性”、去“四化”的必然要求。哪里工会企事业搞得好，工会资产作用发挥充分，工会工作就充满生机和活力，就能体现工会组织的政治性、先进性、群众性；哪里搞得不好，不仅谈不上增强职工群众的获得感，还会面临阵地丢失、人才流失、作用缺失的风险，最终影响工会的形象。坚持眼睛向下、面向基层，创新组织体制、运行机制、活动方式、工作方法，自觉运用改革精神谋划工会工作，其中的一个重要方面就是要坚持工会企事业的公益性服务性。

（二）坚持公益性服务性有利于满足职工群众对美好生活的需求

随着经济社会的不断发展，职工队伍不断发展壮大，职工群众对美好生活的需求不断增长，对工会企事业的发展和改革提出了新的更高要求。这就要求坚持问题和需求双导向，解决好新时代工会企事业如何更好地服务于职工群众的问题，根据职工对美好生活的需要，找到工作着眼点和着力点，更加重视建好、用好、管好服务职工的阵地，强化工会阵地服务职工、服务基层功能，以及服务工作的针对性、有效性，提高职工的满意度和获得感，团结动员广大职工汇聚起高水平全面建成小康社会的强大正能量。

（三）坚持公益性服务性有利于提高服务职工的质量和效益

工会企事业的服务方式具有市场化和社会化的特点。工会企事业主要存在于自然垄断较少的文化、教育、医疗等领域，提供的产品和服务具有部分排他性和消费竞争性，在政府和工会的扶持下，其资源消耗要通过市场得到补偿。因此，与传统的劳动保护、集体协商、民主管理、困难帮扶、法律监督等方式不同，工会企事业主要是以市场化、社会化的工作方式维护职工权益，围绕职工经济、生活多方面的需求提供服务，实现服务的经常性、持续性。坚持公益性服务性，可以确保工会企事业以经济手段为职工提供更人性化、更全面的服务，使得工会服务的覆盖面更宽、更深入，拓宽了服务渠道，构建了长效的服务机制，从而使职工群众的劳动经济权益、民主政治权利、精神文化权益和社会权利更紧密地统一在一起。

第二节　公益性服务性的基本内涵

公益性服务性的基本内涵，主要包括政治属性和工会属性、非营利性、主业限定性、大众性四个方面。掌握公益性服务性的基本内涵，我们才能准确掌握工会资产的性质，保证工会资产工作不偏离正确的方向。

一、始终坚持正确的政治方向

政治属性、工会属性是工会企事业的基本属性，决定了工会企事业必须始终坚持正确的政治方向。

工会企事业的工会属性，本质上源于工会主办、工会所有、工会支撑、工会管理。第一，工会企事业是党和政府委托工会组织主办的，兴办工会企事业是工会组织的基本任务之一。《中国工会章程》第二十八条规定："工会基层委员会的基本任务是：……（五）……办好工会文化、教育、体育事业。……（九）……管理好工会资产和工会的企业、事业。"工会企事业的设立、合并、分立、撤销、改制，都必须得到工会组织的批准。第二，工会企事业的终极产权是统一的。《中国工会章程》规定，工会资产的终极产权属于中华全国总工会，且"不经批准，不得改变工会所属企业、事业单位的隶属关系和产权关系"。工会章程是工会组织内部的根本大法，这就从法律上确保了工会企事业的发展方向不会偏离。第三，工会企事业的运营发展要依靠工会组织的支持。工人文化宫、工人疗养院等工会企事业开展公益服务所需的支出，一定程度上需要依靠工会经费弥补，工会企事业依托工会组织开展各类活动，充分发挥工会职能与联系服务职工的天然优势。第四，工会企事业由工会组织管理。从体制上看，工会企事业的组织、人才、财务、资产、审计、党建等工作都需要依法、依规接受工会组织的管理。从方式上看，工会组织的管理主要是宏观管理，体现在顶层设计、宏观指导、制度制定、政策协调、规划发展等方面。工会企事业依照规定行使法人自主权，开展日常的具体管理。

工会企事业的政治属性和工会属性，集中体现在工会企事业的宗旨上。《中国工会章程》规定，工会企事业要为工运事业服务、为职工群众服务、为改革开放和发展社会生产力服务。其中，为职工群众服务是核心宗旨。“三服务”宗旨体现了工会企事业政治责任、经济责任和社会责任的统一，体现了工会兴办企事业的特色，是工会企事业工作的出发点和落脚点。

政治属性和工会属性是工会企事业区别于其他公益性组织的根本属性，工会企事业工作本身就是工会工作的重要组成部分。在政治站位上，工会企事业作为工会组织兴办的服务职工阵地，必须自觉接受党的领导，在经营管理中贯彻落实党的路线、方针、政策。在功能定位上，工会企事业主要是工会组织手臂的延伸和职能的延展，必须围绕工会中心工作和重点工作开展服务，发挥好桥梁纽带作用。在工作导向上，工会企事业必须以职工群众的需求为导向，“以职工为中心、让职工当主角、由职工说了算”，主要开展体现工会性质、贴近职工群众、突出工会特色的活动。活动内容和方式从职工群众的需求出发，根据实际情况进行设置，在职工群众的参与和监督之下展开，在自愿的基础上开展。工会企事业开展的一切活动，都以职工群众的自觉自愿为基础。工会企事业无法对职工进行考核，反过来，职工对工会企事业有选择权和评价权。在服务对象上，以工会会员、工会团体或特殊职工群体优先。例如，1992 年公布的《国际海员俱乐部工作条例》第七条规定，俱乐部应对海员实行优先、优质、优惠和适当免费服务，在保证接待好中外海员的前提下，可向社会开放。工会设立的部分疗休养院所专门为患有工伤、职业病等的职工群体提供服务。职工互助保障组织以广大职工特别是中低收入职工为服务对象，开展收费低廉的小额保障等。

二、以非营利性为目的，为职工群众提供优质优惠服务

非营利性是公益性的根本特征。它包括三个方面的内容：一是工会组织举办工会企事业并不以追求利润为根本目的；二是工会企事业的资产来源于全体工会会员，为了行使工会职能所用，最终归属于全体会员；三是工会企事业获得的经营收益主要用于弥补服务成本，为职工提供优惠服务项目，以及阵地建设的运营维护和发展，不会用于在个人间搞二次分配，不存在利润分配机制。同时，根据《工会法》的规定，工会企事业上缴的收益，构成工会经费的法定组成部分。通过壮大工会组织的物质基础，更好地为职工服务。非营利性并不等于没有营利，而是不能以营利为目的。

优质优惠性是非营利性的内在要求。在服务内容上，工会企事业坚持正确的政治导向，提供健康、正能量、高品质的服务。在服务价格上，工会企事业主要向职工群众提供优惠甚至免费服务。工会企事业提供的产品带有很大的社会福利性质，要求在保障服务质量前提下，实现成本最小化，以优惠的价格对职工群众提供服务。为了保证公益性功能的发挥，工人文化宫、工人疗休养院等工会服务职工的阵地，主要依靠政府政策

和资金的支持创立和发展，土地和设施基本上由政府无偿提供，运营经费在一定程度上由国家财政或工会经费拨款补助，为工会企事业提供优惠服务创造了条件。需要注意的是，实现优惠服务的责任主体是政府和工会组织，而不是工会企事业。《工会法》第四十六条规定："各级人民政府和用人单位应当为工会办公和开展活动，提供必要的设施和活动场所等物质条件。"《劳动法》第七十六条规定："国家发展社会福利事业，兴建公共福利设施，为劳动者休息、休养和疗养提供条件。"要通过资金引导、考核评价等政策机制的设计，引导工会企事业实现公益性目标。中华人民共和国成立以来，各级工会组织举办的工会企事业充分发挥公益性功能，为广大职工群众提供了多种形式的优质优惠甚至免费的服务，成为社会主义建设时期，体现党和政府关怀工人阶级的重要阵地，成为维护职工群众的文化、健康、保障等权益的重要载体。

正确认识非营利性，需要准确把握工会企事业的两种属性。工会企事业既有一般的经济属性，又具有特殊的社会属性。实践证明，导向鲜明、定位准确、管理优良的工会企事业，能够实现社会效益和经济效益的双赢。一是在坚持公益性、聚焦主业的同时，可以从事与主业有关的经营活动，以及少量部分为主业服务的商业配套。二是工会经费源于职工、用于职工，工会企事业单位也要讲经营和管理，讲成本收益，建立公益性服务与市场化运作相结合的运营机制，确保工会经费使用的效率和效益。三是要构建公益事业与经营产业协调发展新格局，在促进公益事业健康发展的同时，适应职工需求多样化趋势，兴办和发展文化体育产业、旅游服务产业等现代服务业。

三、以直接服务职工的领域为主业，立足满足职工群众基本需求

公益性服务性还要求工会企事业的主业具有限定性。从经济学角度分析，工会企事业所提供的产品是公共产品，具有巨大的外部效益。根据有关法律法规对工会企事业单位特别是工会公益性事业单位功能定位，需要以提供公共服务为主业。例如，《公共文化服务保障法》规定，工人文化宫是公共文化设施的组成部分；《中共中央 国务院关于深化医药卫生体制改革意见》规定，鼓励工会等社会团体开展多种形式的医疗互助活动；等等。工人文化宫、工人疗休养院、职工互助保障组织等工会阵地是国家公共文化、医疗卫生、社会保障体系的重要组成部分。《中华全国总工会关于加强和规范工人文化宫管理的意见（试行）》、《中华全国总工会关于加强和规范工人疗休养院管理的意见（试行）》也规定，工人文化宫、工人疗休养院必须突出公益，聚焦文化服务和疗休养服务主业，自主经营。因此，工会企事业的功能定位和主业，首先必须是根据国家法律政策的规定、全国总工会的要求和职工的需求，提供公共服务。不得开展与主业无关的经营活动，不得将设施和场所对外出租、承包或挪作他用，否则就会偏离自身的宗旨和定位，将承担相应的法律责任。与此同时，工会企事业可以根据职工群众的多元化需求，适当拓展个性化、多样化的服务项目。随着时代的发展变化，工会企事业主业的表现形式和内容可以不断丰富和完善，但是方向不能变、牌子不能丢。

从活动属性看，工会企事业主要集中在第三产业，体现了工会的社会职能。综观国内外工会兴办企事业的情况，主要以第三产业为主，即国际劳工组织所称的社会服务事业或职工福利事业。从我国的工会企事业发展历史来看，也主要集中在第

三产业，以提供无形产品和服务为主，具有非经济性的属性，基本上属于非物质生产部门，其活动属于社会活动而非经济活动。其目的在于发挥密切联系职工群众的桥梁纽带作用，满足职工群众日益增长的精神文化需求，不断增强工会组织的吸引力、凝聚力。例如，工人文化宫，其主要功能是提高职工群众的文化修养和道德水平，弘扬社会主义先进文化；工人疗休养院，其主要功能是促进职工群众的身心健康，维护职工疗休养权益；职工学校，其主要功能是提高职工队伍的整体素质，为社会培养造就高素质的劳动者；职工互助保障组织，其主要功能是提高职工群众的社会保障水平，解决职工的实际困难；等等。

从服务内容看，具有专业性。工会企事业绝大多数是以脑力劳动为主的知识密集型组织，专业人才是工会企事业的主要构成，其利用自身的文化、医疗、教育、新闻等专业知识和专门技术为职工群众提供服务，并形成具有工会特色、职工特点的产品服务。

四、以广大职工群众为服务对象，坚持普惠服务

公众性或者大众性也是公益性服务性的特征之一。在服务对象上，主要面向广大职工群众提供普惠性的服务。工会企事业在服务职工的同时，积极服务社会，服务场所和设施向社会公众开放，服务成果由全社会共享，具有强烈的公共性和共享性，并不是为特定少数的机构和个人提供服务。在服务方式上，工会企事业需要贴近基层、贴近职工，深入企业、厂矿与车间开展活动。在服务内容上，主要是满足广大职工群众的精神文化、健康、保障等需求。通过多年的实践和努力，工会企事业服务职工的网络已经基本建成，各级工会积极利用自身阵地和各种服务站点，深入基层和一线，开展组织文体活动、教育培

训、困难帮扶、法律咨询、健康体检等普惠性服务职工工作，并根据外来务工人员、苦脏累险行业职工、女职工等群体的需求，提供有针对性的服务，努力确保发展成果惠及广大职工群众，扩大工会工作的有效覆盖面，以增强职工群众的获得感，体现社会的公平正义。

公众性要求工会企事业所在领域具有直接为职工群众服务的特点。目前，工会企事业主要集中在三大服务领域：以工人文化宫（俱乐部）、国际海员俱乐部、工人体育场（馆）、职工学校、工会院校、报刊杂志、出版社等为主体的职工文化教育体育事业；以职工和劳模疗休养院、职工旅行社、宾馆为主体的职工疗休养事业；以职工互助保障组织为主体的职工互助合作保障事业。

同时，公众性还要求工会企事业提供的服务具有一定的组织性。工会企事业依托工会建立较完善的组织网络，可以为职工群众提供便利的服务。在组织方式上，区别于其他公益性组织，工会企事业主要是有组织地面向基层工会、面向职工群众开展各类公益性活动，承担组织、指导、协调、枢纽的功能。例如，工人文化宫组织职工文体协会开展丰富多彩的文体活动，中国职工保险互助会统一组织职工以团体形式参会、以团单形式承保，等等。

第三节　贯彻落实公益性服务性

贯彻落实公益性服务性，需要构建一个完整的支撑保障体系，主要包括组织保障体系、资金保障体系和人才保障体系等。深入掌握这三个体系的内在要义，有利于我们把公益性服务性的要求落到实处。

一、加强组织领导，构建组织保障体系

落实工会企事业的公益性服务性，关键在于加强领导，落实责任，构建组织保障体系。具体体现为以下几个方面。

（一）健全领导体制机制，落实两个责任

根据全国总工会的有关规定，要落实好两个责任。一是主体责任。全国总工会已经明确，按照“统一所有、分级监管、单位使用”和“谁主管、谁负责”的原则，由各级工会组织承担保障所属工会企事业履行公益性职能的主体责任。这就要求各级工会组织从讲政治的高度，确保所属工会企事业正确的发展方向。要把推进工会企事业改革与发展纳入重要议事日程，把工会企事业工作纳入工会工作总体部署，定期听取工会企事业工作汇报，研究其发展规划和改革发展中的重大问题，协调解决困难和实际问题。建立健全分管领导牵头，资产部组织协调，相关职能部门共同参与的领导工作机制，统筹做好有关工作。二是监督责任。建立上级工会对下级工会企事业工作进行指导和监督检查的机制。主管工会每年应定期向上一级工会报告工会企事业管理和运营情况，上一级工会每年应定期对主管工会落实主体责任及工会企事业突出公益、聚焦主业、严格资产处置、加强财务管理等情况进行指导和督查，对责任不落实的予以通报批评。建立工会企事业重大决策事项终身责任追究制度和责任倒查机制。

（二）加强源头参与，融入经济社会发展大局

要努力提高工会企事业服务当地经济、政治、文化和社会建设的能力，为社会提供公益产品和优质服务。一是按照国家事业单位改革的统一部署，根据事业单位承担的职能、服务对象、经费来源及发展方向，对事业单位进行合理定位，其中工

人文化宫（俱乐部）、工人体育场（馆）、国际海员俱乐部、职工疗休养院、工会院校、职工学校是工会履行社会职能的重要阵地，要争取在国家事业单位分类改革中，纳入公益一类或公益二类事业单位序列，并落实相应的财政保障政策，解决工会公益性事业单位发展的根本性问题。二是充分运用政府与工会联席会议、向党委汇报工作，人大、政协代表提案议案等机制和途径，积极争取工人文化宫、职工学校等服务职工的公益设施享受同类社会公益设施的待遇，纳入当地经济社会发展规划和政府公共服务体系建设，积极争取政府在土地划拨、资金投入、财政补贴、税费减免、政策制定等方面的支持，为工会企事业的发展创造良好的外部环境。积极推行社会组织专业化服务，通过承接政府和上级工会职能转移的项目，提升公益活动的经济收益。推动基层工会按照职工构成特点，保障职工文体费用、职工疗休养政策的落实。三是在城市化进程中处理好保护工会资产和支持城市发展的关系问题。在城市建设中不得任意侵占工会企事业的土地和设施，确需异地重建的，应根据国家法律和工会资产管理的有关规定，协调政府或有关部门确保迁建所需土地及资金，地理位置应方便职工群众开展活动，并履行报批程序。

（三）加强顶层设计，明确功能定位

工会企事业的可持续发展，需要发展目标和发展战略明晰、主营业务突出、核心竞争力优良。这就需要各级工会特别是工会资产监督管理部门，指导工会企事业制定好自身的发展规划，适当注重战略前瞻性，认真研究主营业务领域、具体发展策略、经营管理模式，使主业具体化、制度化。同时，要统筹安排功能布局，实现特色化、差异化发展。结合辖区内所属工会企事业的业务特色，统筹好、安排好各个阵地的建设规模布局和功能布局。在一个地区内形成相互区分、优势互补的品牌特色内容。要根据功能定位，科学配备资产结构和人员结构，支撑主业发展。

（四）加强标准化体系建设，健全考核评价机制

工会企事业公益性作用的发挥，有赖于三个标准的建立：一是保障标准，主要是指各级工会对工会企事业保障责任的底线标准，特别是对于工人文化宫等公益类事业单位的保障责任；二是建设和服务标准，主要是指有关工会企事业阵地建设、业务管理、服务规范、技术应用等方面的标准；三是考核评价标准，主要指针对工会企事业服务效能和两个效益实现情况的评价标准。在考核评价标准方面，主要是建立健全两个效益相统一的评价机制：一方面，主管工会要建立工会企事业服务绩效考评制度，健全目标责任制考核机制，考核目标应涵盖党建工作、公益性服务、主业经营收入、制度建设、安全管理等方面。其中，对社会效益的考核要细化量化到政治导向、服务内容、社会影响、内部制度和队伍建设等具体指标中，形成对社会效益的可量化可核查要求。在经济效益方面，要确保工会资产保值增值和安全完整。并把考核结果与领导班子职务任免、绩效工资等挂钩。另一方面，要探索建立工会企事业服务职工满意度评价制度。建立以增强职工获得感为目标的服务需求收集机制、服务效能动态监测机制和服务绩效评价反馈机制。研究制定职工满意度指标，把该类指标纳入工会企事业的考核评价体系，构建“职工提出—工会主导—事业单位承办—职工参与—职工评价”的活动开展和工作机制。探索引入社会第三方开展服务职工满意度测评，增强评价的客观性和科学性。

二、健全投入机制，构建资金保障体系

工会公益性事业单位履行公益职能需要稳定有效的投入保障机制。只有公益定位与保障机制相匹配，才能充分发挥公益

职能。这也是公共财政和工会经费的重要支出职责。

（一）建立和完善长效投入机制

从本质上讲，工会公益性事业单位是工会组织代表党和政府占有、使用、管理的公共设施和资源，需要在财政和工会经费之间建立合理的投入分担机制，保障其建设经费、正常运转经费和专项活动经费。各级工会组织要把支持工会企事业改革发展作为一项长期战略任务，建立和完善以资金投入为主的工会企事业重点扶持机制。其来源主要有以下几种形式：一是有条件的工会建立工会企事业发展专项资金，以当年本级工会经费留成为基数，每年提取一定比例的资金，与本级企业上缴收益一同纳入工会企事业发展专项资金，专项资金主要用于本级企事业单位设备购置和更新改造、公益性项目支出、工作奖励考核和支持下级工会企事业改革发展。二是把工会公益性事业单位的收支纳入预算管理，保证其正常运转的经费和公益性活动所需的专项经费。三是根据资产、人员、设施、运营等具体情况对工会企事业予以合理补助。要加强对投入资金的管理和规范，不断提高资金使用效率和效益。

（二）优化投入方向

为了提高资金使用效益，不能搞大水漫灌，而要围绕工会的中心工作，有计划、有重点地培养和扶持一批示范型骨干企事业单位和项目。尤其是全国总工会、省级工会和中心城市工会，要集中力量，重点扶持一批具有规模优势、区域优势和发展前景的文化宫、疗养院、职工学校等企事业，在资金、政策、人才和项目等方面给予支持，形成一批特色鲜明、设施先进、管理规范、服务优良、职工欢迎的明星企事业，发挥它们的示范表率作用。

（三）创新投入机制和投入方式

对于工会公益性事业单位的投入方式，应按照事业规模、承担公共服务的覆盖面、受益人数等情况核定事业经费，优化支出结构，从养人向养事转变。在加大对公益性事业支出投入的前提下，探索将工会经费投入以原来的直接拨款为主转为购买服务、项目补贴、以奖代补、基金制等多种方式，充分发挥资金的导向作用，引导工会公益性事业单位提高服务职工的能力，增加公益项目供给。同时，上级工会组织包括全国总工会、省级总工会、地市级总工会都要加大对基层工会阵地的资金扶持力度，特别是阵地的建设和维修改造力度，以确保其具备服务职工的条件和能力，促进服务效能的均等化。

（四）构建多元化的投入机制

工会经费的有限性和职工群众需求的无限性之间存在矛盾。单纯依赖工会经费和财政投入，会影响公益作用的发挥。工会企事业由于其公益属性和工会属性，不仅仅是经济社会实体，更是承载党政、工会、社会等各种资源的平台。可以通过创造性地开展服务职工的活动和项目来成为争取资源和手段的载体，并且随着工会企事业功能的延伸，不仅可以争取来自党委和政府的资源，还可以吸纳更多的社会资源来壮大工会企事业服务职工的能力和实力。在落实工会公益性事业单位的财政补助政策，完善工会经费对工会企事业投入机制的前提下，探索与社会公益性组织、战略投资者等开展合作，鼓励和支持社会力量通过投资或捐助设施设备、兴办实体、资助项目、赞助活动、提供产品和服务等方式，参与工会企事业的建设和发展。积极探索引导爱好者、志愿者、社工群体参与提供公益服务的模式，探索吸引社会组织、经济组织通过投资、合作、参与的模式，接长工作手臂、延伸服务触角，实现服务职工公益活动不收费或低收费。从工会系统的内循环逐步转为面向社会的大循环，逐步建立与政府和社会的良性互动机制。

健全投入机制并不意味着回到计划经济的老路上去，坐等上级的拨款和补助，更需要造血功能实现可持续发展。要破除“等、靠、要”思想，建立公益目标与市场经济有机融合的体制机制，建立自己的特色服务项目和品牌，增强核心竞争力。

三、加强队伍建设，构建人才保障体系

素质优良、思想稳定、结构合理的人才队伍是工会企事业实现公益职能的基础力量。

（一）工会企事业人才队伍的构成

在人才保障方面，要树立队伍是基础、人才是关键的理念，把加强工会企事业人才队伍建设作为一项战略性任务来抓。制定工会企事业人才发展规划和人才梯队建设计划，重点打造三支队伍：一要选好配强工会企事业领导班子，打造高层次领军人才队伍；二要大力培养和引进专业人才，打造高素质专业技术人才队伍；三要打造精干高效的经营管理人才队伍。

（二）工会企事业人才队伍的来源

专业人才的来源主要有以下几个方面：一是要适应工会企事业主业发展的需要，按照核定或批准的编制标准，配齐配足专业技术人员。例如，《中华全国总工会关于加强和规范管理工人疗休养院的意见（试行）》规定，在有《医疗机构执业许可证》的疗养院编制中，要确保医护保健人员的比例占50%以上。二是合理设置工作岗位，吸引高校毕业生、专业人才从事专业技术服务工作。可以采取事业编制招考和购买服务岗位相结合的方式进行。三是主管工会要研究制定鼓励工会机关的专业人才向工会企事业流动的办法，畅通人才流动的渠道。四是建立志愿服务机制，组织开展志愿服务活动，建设志愿服务站点。有条件的地区可以探索建立专业人员下派指导制度。采取一定的鼓励和支持措施，发挥省级、地市级总工会直属企事业的辐

射带动作用，下派专业人才到辖区工会企事业参与业务和管理工作。

（三）加强工会企事业人才队伍培训工作

要立足原有队伍，加强多层次管理和专业人员的培养、培训工作，逐步提高专业人才比例，提高队伍整体素质。一是逐步建立培训上岗制度。对于从事公益性岗位的工作人员，应该接受较为系统的专业培训，经考试合格，颁发证书，逐步建立工作人员持证上岗的制度。二是加强在职教育和培训。根据《国家基本公共文化服务指导标准》，县级以上公共文化机构从业人员每年参加脱产培训时间不少于15天，乡镇和村等基层文化专兼职人员每年集中培训时间不少于5天。工人文化宫作为法定的公共文化设施，也要贯彻落实这一规定。根据全国总工会有关规定，各级工会要通过分级、分类培训的方式，把工人文化宫、工人疗休养院、职工学校等工会阵地干部的培训工作纳入工会干部教育培训体系，制定培训计划，定期举办工会企事业管理与业务干部培训班，有计划地为工会组织培训管理人才和专业人才，提高他们的政治素质、业务素质和能力。在信息社会，创新教育和培训方式尤为重要，要建立远程培训服务平台，开发针对工会企事业的专门教材，形成一支专业的师资队伍，使工会企事业培训工作走上制度化、规范化道路。三是组织、推荐工会企事业专业人员参加政府有关部门组织的专业职称评定、职业资格考试考核，并在入党、评先、提拔等方面体现专业人才的贡献和价值。

（四）造就一批高层次的工会企事业领军人物

领军人物是形成事业发展的中坚力量，对提升工会企事业服务职工群众的能力至关重要。没有一批全面了解国家方针政策、熟悉工会组织和工会工作、高素质与职业化的工会企事业领军人物，就不会有工会企事业持续稳定的发展。一是要选好配强工会企事业领导班子，把有事业心、熟悉行业领域工作、懂经营会管理的复合型人才选拔到工会企事业领导岗位上来。在高层次领军人物的遴选、任用上，要以科学化、制度化、职业化为目标，培养造就一批专职从事工会企事业管理、运营、科研的高级人才。同时，也要完善工会企事业班子成员交流制度，统筹推进工会企事业单位之间、与主管工会机关之间的交流。要切实加强党的领导和党的建设，认真落实“两个责任”，加强党风廉政建设和反腐败工作，推动打造忠诚、干净、担当的工会企事业领导班子。二是在分配机制上，要与整体效益、个人工作量大小、工作难易程度、工作实绩相挂钩，探索对高级领军人物和专业人才实施协议工资制等分配方法。三是要保障和落实工会企事业单位用人自主权，领导班子成员由主管工会选配，其余工作人员由工会企事业单位自主决定，充分调动其积极性。

（五）充分发挥工会资产监管机构在人才队伍建设方面的积极作用

一是在选好配强工会企事业领导班子方面发挥参谋作用。积极负责地支持工会领导班子，把有事业心、熟悉工会工作、热爱职工群众、懂经营会管理的复合型人才选拔到工会企事业领导岗位，特别是要选好工会企事业一把手。二是在深化工会企事业人才体制机制改革方面发挥主导作用。鼓励、引导和支持工会企事业单位创新人才体制机制，实行更加积极、更加开放、更加有效的人才政策，实现从身份管理向岗位管理转变，建立与整体效益、个人工作量、工作难易程度、工作实绩相挂钩的分配激励机制，努力形成人人渴望成才、人人努力成才、人人皆可成才、人人尽展其才的良好局面。三是在工会企事业人才培训方面发挥组织作用。采取各种形式，加强对工会企事业负责人和专业技术人员的培训，不断提升其素质和能力，为工会企事业提供人才支持和智力保障。

第四节　健全完善职工服务阵地“两性两化”运作机制

坚持公益性服务性与社会化市场化运作的统一，是对职工服务阵地实现高质量发展的必然要求，也是职工服务阵地有效实现公益性服务性的必然要求。要深入贯彻落实《关于坚持公益性服务性方向 推进职工服务阵地社会化市场化运作的意见》，把握“两性两化”运作的内涵，正确理解两性与两化的关系，把“两性两化”要求落到实处。

一、社会化市场化运作的概念和实现途径

职工服务阵地的社会化，主要是以自有资源撬动社会力量参与职工服务阵地建设、管理、使用和发展，为职工提供高品质的服务。职工服务阵地的市场化，主要是运用市场机制深化内部体制机制改革，搞好搞活职工服务阵地。要坚持从职工服务阵地建设和管理工作的实际出发，探索和规范符合职工服务阵地性质特点、推动实现高质量发展的运营管理方式。

目前，职工服务阵地社会化市场化的实现途径主要有以下几种。

（一）落实公益保障政策，优化发展格局

加大源头参与和法律政策协调力度，用好向党委汇报工作、工会与政府联席会议、公共文化服务体系协调小组等机制和平台，推动落实党和国家有关法律和政策规定，把职工服务阵地建设纳入各地经济社会发展大局。积极争取同级政府把工人文化宫、工人疗休养院、职工互助保障组织等职工服务阵地纳入

当地公共文化、卫生健康、保障服务体系，推动其人员经费、活动经费、基本运行经费的保障政策与当地同类公益性单位同等待遇，并享受水、电、气等公用服务价格优惠政策和税收优惠政策。鼓励职工服务阵地积极承接政府购买的公共文化、卫生、医疗、教育、养老等服务，促进地方公共服务体系建设。加强与地方党委、政府、群团组织等所属公共服务机构的互联互通，推动建立公益联盟，实现阵地联建、活动联推、项目联合、人才联动，构建党政重视、工会运作、多方支持的社会化发展格局。

（二）加强对外合作，拓宽发展路径

在充分利用自有阵地、人才、技术等资源开展工作的前提下，职工服务阵地要积极整合利用自有资源以外的力量，为职工提供高品质、高标准的服务产品。一是加强职工服务阵地之间的合作。支持工会所属的各级各类职工服务阵地之间进行服务资源整合。鼓励成立协会、联合会等行业自治组织，加强行业交流、业务协同和自律管理。推动工人文化宫、职工学校、工人疗休养院、职工互助保障组织、职工服务中心、职工书屋、学习强会等职工服务阵地之间加强资源共享、信息共通、平台共建，积极承担工会的公益服务业务。二是加强职工服务阵地与工会外部的合作。支持工会所属的职工服务阵地与工会外部的社会组织、专业机构、企业之间进行合作，鼓励社会力量参与活动项目打造、产品和服务提供、服务资源配送等。合作项目内容应有利于强化职工服务阵地主责主业，有利于服务职工、服务基层。鼓励工人文化宫、工人疗休养院、职工互助保障组织等职工服务阵地整合社会志愿服务资源，培育社会专业服务团队。确需提供停车场、便利店、平价餐饮、文体健康用品等少量配套性质的准商业服务的，应规范合作方式，严格限制经营内容、使用面积，遵循紧密配套、便利职工、相对低价的原则。三是接受捐赠、赞助等。鼓励和支持慈善公益组织、社会力量通过捐赠资金或捐助设施设备、资助项目、赞助活动等方式，参与职工服务阵地建设和发展。

（三）深化体制机制改革，增强发展活力

贯彻落实党和国家关于事业单位改革和国有企业改革的方针政策和决策部署，在坚持公益性服务性的前提下，深化工会企事业体制机制改革，积极推动工会企事业按照市场经济规律办事，激发发展动力和活力，充分发挥工会公益性资产和经营性资产各自的作用和价值。工会公益类事业单位要按照国家关于事业单位改革的要求和《工会行政事业性资产管理办法》，深化劳动、人事和分配制度改革，强化激励约束机制，进一步完善功能布局，优化资源配置，提升运行效率，提高服务质量。积极稳妥推进工会经营类事业单位转企改制工作。工会企业要按照国家关于完善现代企业制度的要求和《工会企业资产管理办法》，遵循市场经济规律和企业发展规律，进一步健全法人治理结构，完善现代企业制度，成为依法自主经营、自负盈亏、自担风险、自我约束、自我发展的市场主体，成为自觉履行政治责任和社会责任的表率。工会企事业单位可根据实际需要，采用市场化手段引进专业团队和人才，提高专业化水平。工会所属企业可探索聘用职业经理人参与经营管理。

二、正确理解和把握公益性服务性和社会化市场化的关系

坚持和完善公益导向与社会化市场化运作相结合的运营机制，充分发挥工会经营性资产和非经营性资产各自的作用和价值。正确把握工会资产公益性服务性与社会化市场化运作的关系，对推动工会资产实现高质量发展具有重要意义。

坚持公益性服务性是做好工会资产工作的根本要求。工会资产阵地是由工会管理、职工使用的，理应在管理、服务、效

益方面体现出公益性服务性。随着全面建设社会主义现代化事业的推进，职工的需求越来越多，职工的活动场所应该随着经济的发展而不断完善和发展。但问题是，工会资产如何真正管理好，真正是用于职工的公益性质资产。这个问题是一个政治问题。2016 年以来，按照全国总工会党组、书记处的决策部署，各级工会集中力量推进工人文化宫、工人疗休养院的清理整改工作，其主要目的就是推动工会资产“回归公益、聚焦主业、自主经营、依法监管”。在各方面的共同努力下，清理整改工作取得明显成效，有效地解决了一度存在的工会资产阵地偏离主责主业的问题。坚持工会资产的公益性服务性，就是要坚定不移地牢记全心全意为职工群众服务的宗旨，始终坚持工会资产的非营利性、经营自主性、主业限定性、服务普惠性。工会资产的服务，不设门槛，不搞“三六九等”，只要是职工，都应享受工会资产提供的各类专业化服务。

积极稳妥地推进社会化市场化运作，健全完善相应的工作机制，是工会资产公益性服务性的重要实现形式，也是工会资产实现保值增值的重要手段。公益不等于免费，服务不等于施舍。公益性服务性是通过为职工提供优质高效的服务实现的，公益性服务性的水平是由市场决定的。工会资产如果不与社会资源合作、不跟市场对接、不搞好运营，就没有收入，发展都难以维系，何谈公益性服务性。工会资产要走向市场，这是针对工会会员和职工群众讲的。我国广大职工群众和工会会员是工会资产服务的主要对象，也是工会资产发挥作用的庞大市场。当然，讲工会资产与市场对接，不是提倡资产收益最大化，更不是把工会资产搞没有了，而是要通过先进的管理、有效的供给，为职工群众搞好服务，实现良好的社会效益和经济效益。

各级工会组织要把坚持工会资产公益性服务性方向与探索社会化市场化运作机制有机统一起来，在保证牌子不变、功能不变、主业不变、产权不变的前提下，合理借助社会资源解决自身短板问题，规范运用专业的社会力量为职工提供高品质服务，积极推进市场化体制机制改革，推动工会资产实现高质量发展。

要全面辩证理解公益性服务性和社会化市场化的关系，公益性服务性是方向，社会化市场化运作是手段，两者是有机统一的。利用社会资源弥补自身短板、提高服务能力，运用市场机制深化改革、激发发展活力。社会化市场化运作是公益性服务性的重要实现形式。要坚决避免把两者对立起来、割裂开来的观点。

三、贯彻落实“两性两化”运作要求

贯彻落实“两性两化”运作要求，需要重点把握以下几点。

（一）聚焦高质量发展的主线

随着我国经济社会进入新发展阶段，必然要求职工服务阵地实现高质量发展，不断适应职工群众对美好生活的需要。这就需要在“两性两化”运作中完整准确全面贯彻新发展理念，以社会化市场化运作促进职工服务阵地改善服务条件，优化服务环境，提升服务能力，加强人才队伍建设，健全工会资产高质量发展的工作体系。需要积极探索适合职工服务阵地改革发展的运营管理机制，及时把地方的有益探索和经验上升为制度，把改革创新作为职工服务阵地高质量发展的内在要求，在提高发展质量效益上下功夫。

（二）健全工作机制

要坚持把全面从严治党方针贯穿到职工服务阵地社会化市场化运作全过程，严格执行国家法律法规以及全国总工会关于工会资产工作的制度规定，建立健全社会化市场化运作机制。

重点是建立健全决策工作机制、运行工作机制、试点工作机制、绩效考核评价机制、监督管理机制等五个机制。坚持科学决策、民主决策、依法决策，健全决策工作程序；坚持规范运行，构建运转有效的工作规程；坚持试点先行，以点带面推进工作有序开展；坚持结果导向，发挥绩效考核评价引导作用；坚持全面从严治党，强化日常监督管理。结合各地实际，把决策、运行、试点、考核、监管等工作作为有机整体统筹推进。

（三）加强配套制度建设

按照“谁主管、谁负责”原则，各级工会是坚持公益性服务性方向、积极稳妥推进职工服务阵地社会化市场化运作的责任主体。省级工会要加强对职工服务阵地发展状况的调查研究，结合实际，研究制定配套制度。配套制度主要包括：贯彻落实《关于坚持公益性服务性方向 推进职工服务阵地社会化市场化运作的意见》的实施细则、职工服务阵地社会化市场化运作的负面清单、加强政策、资金和人才保障的制度等，并搞好评估问效，确保工作实效，形成有制度、有试点、有经验、有评估的工作闭环。

思考题：

1. 简述坚持工会企事业公益性服务性的必要性和重要性。
2. 工会企事业公益性服务性的内涵有哪些？
3. 如何构建工会企事业公益性服务性的支撑保障体系？
4. 职工服务阵地“两性两化”运作的实现途径有哪些？

第七章　工会企事业三大服务领域

工会企事业三大服务领域，是指职工文化教育体育、职工疗休养、职工互助保障三个直接为职工服务的领域。当前和今后一个时期，工会资产要在这三大服务领域集中配置。掌握三大服务领域的概念、特点及作用，把握建好用好管好工会资产阵地的要求，对于调整优化结构布局，明确工会资产工作的监管对象和范围具有重要意义。

第一节　积极发展职工文化教育体育服务事业

建好用好管好职工文化教育体育服务阵地，这是积极发展职工文化教育体育服务事业的前提。只有弄清楚职工文化教育体育阵地的概念、特点及作用，掌握建好用好管好职工文化教育体育阵地的要求，我们才能真正把握其性质和地位，发挥职工文化教育体育阵地的作用。

一、职工文化教育体育阵地的概念、特点及作用

职工文化教育体育阵地，是指党和国家委托工会组织举办的工人文化宫、工人俱乐部、职工学校、工人体育场馆、工人报刊、工会干部院校、职工书屋等直接为职工群众提供文化、体育、教育服务的场地、建筑物和设施的总称。

职工文体教育阵地是工会企事业的主要组成部分。除了具备公益性服务性以外，与其他工会企事业相比，职工文体教育

阵地还具有专业性、技术性的特点，主要是面向广大职工群众提供文化、体育、教育类等专业服务，并吸收了大量的专业技术人才。

职工文体教育阵地的地位和作用要从以下几个方面来把握。

（一）职工文体教育阵地是国家公共文化教育体育设施的重要组成部分

中华人民共和国成立以来，党和政府一直把工会组织兴办的工人文化宫、俱乐部、职工学校、职工书屋等阵地作为国家公共文化设施和职业教育体系的重要组成部分，并在建设资金、财政投入、房屋与设备提供等各方面给予了大量的支持。2003年《公共文化体育设施条例》，2007年《关于加强公共文化服务体系建设的若干意见》，2014年《国务院关于加快发展现代职业教育的决定》，2015年《中共中央关于加强和改进党的群团工作的意见》、《关于加快构建现代公共文化服务体系的意见》、《中共中央关于繁荣发展社会主义文艺的意见》，2016年《公共文化服务保障法》等国家法律、文件、政策，都在顶层设计上明确了工人文化宫、工人俱乐部、职工学校属于公共文化设施和现代职业教育体系组成部分的定位。它们提供的服务属于公共产品的范畴。

（二）职工文体教育阵地是履行工会组织基本职责的重要载体

维护职工的合法权益是工会的基本职责，也是工会工作的生命线。其中的一个重要方面就是维护职工的精神文化权益，这就需要大量为职工服务的职工文化活动设施和场所。举办工人文化宫、俱乐部、职工学校、职工书屋等为职工群众服务，是工会一直以来的光荣传统，是工会吸引和组织职工开展文化教育活动的主要阵地，也是工会的主要的文化教育事业。通过开展丰富多彩、健康向上的文化教育体育活动，满足广大职工群众日益增长的美好生活需要，充分发挥阵地作用，增强工会组织的吸引力、凝聚力，团结凝聚广大职工听党话、跟党走。工会干部院校在工会干部教育、工运理论研究和工会事业发展中，始终发挥着十分重要的主阵地作用，是工会事业的重要组成部分。

（三）职工文体教育阵地是弘扬职工文化的重要平台

文化具有鲜明的意识形态属性。职工文化与企业文化、商业文化有着本质区别。职工文化的价值在于体现职工的精神文化追求，唤醒职工内心的正能量和创造活力、劳动热情，激发职工群众的积极性、主动性和创造性，为社会提供最优秀的产品和服务。职工文化是工会组织培养职工职业精神，培育劳动精神、劳模精神、工匠精神的重要抓手。工人文化宫、俱乐部、职工学校、工会干部院校等职工文体教育阵地具有强烈的工会属性，为弘扬职工文化、提高职工队伍素质提供设施、组织和制度支撑。

（四）职工文体教育阵地是提高职工队伍素质、加强产业工人队伍建设的重要阵地

综合国力的竞争归根到底是人才特别是创新型人才的竞争。工人阶级是我国先进生产力和生产关系的代表，产业工人是工人阶级中发挥支撑作用的主体力量。充分发挥工人阶级主力军作用，要求充分发挥工会“大学校”作用，全面提高产业工人队伍综合素质。解决人才结构性矛盾，最根本、最有效的举措就是广泛开展职业培训。工人文化宫、俱乐部、职工学校、职业学校、工人报刊等都是工会“大学校”阵地，是为职工提供职业教育和职业培训，提高产业工人思想政治素质、科学文化素质和技术技能素质的重要场所。要造就一支有理想守信念、懂技术会创新、敢担当讲奉献的宏大的产业工人队伍，就必须加强职工教育培训阵地建设。

二、建好用好管好职工文化教育体育阵地

要重视建好用好管好职工文化教育体育服务阵地，强化工会资产阵地服务职工、服务基层功能。

（一）科学推进职工文化教育体育阵地建设

如何把职工文化教育体育阵地建设好、发展好，是工会资产工作的重要任务。一是要科学布局、明确标准。根据现有工人文化宫、职工学校、工会干部院校等资产阵地实际和本地区职工需求，科学规划、统筹安排职工文化教育体育阵地建设，合理确定建设规模和功能布局。要坚持聚焦主业、量力而行、简朴实用和工会资产独立管理的原则，与当地经济社会发展水平相适应，与职工群众需求相适应，与主业功能规划相适应，制定切实可行的工人文化宫等阵地建设标准和规范。二是积极争取党和政府支持。党和政府支持和帮助工会搞好资产阵地建设，是《工会法》和《中国工会章程》明确提出来的，有法律和政策的依据。要深入贯彻实施《公共文化服务保障法》，利用工会与政府联席会议、向党委报告工作等机制和平台，积极争取把工人文化宫纳入当地公共文化服务体系，落实相关的保障措施，为促进公共文化服务标准化和均等化贡献力量。三是优先盘活存量。坚持鼓励恢复重建、倡导维修改建、规范控制新建的工作方针，突出建好用好现有工人文化宫、工会院校等，恢复并完善其主业功能，走向为职工服务、为工运事业服务的第一线。

（二）充分发挥职工文化教育体育阵地服务职工的作用

工人文化宫、工人体育场馆、工会院校、工会新闻报刊都有其独特的功能定位。发挥好这些阵地的作用，就是要按照全国总工会提出的“突出公益、聚焦主业、自主经营、依法监管”

的总体要求，把主责主业牢牢守住，将发展路径切实转变到服务职工、服务工会工作上来。一是要聚焦主责主业。坚持职工文化教育体育阵地的职工属性和工会属性，突出意识形态属性，正确处理政治定位与经济效益的关系，坚持把社会效益放在首位，努力实现社会效益和经济效益的统一。二是加强制度建设。要以制度的形式，确立职工文化教育体育阵地的主责主业，规范服务产品，量化工作标准，实现科学有效运营。三是形成全会合力。职工文化教育体育阵地的使用涉及工会多个部门和单位。如组织部等部门负责工会院校的业务指导，宣教部等部门负责工人文化宫、工人体育场馆、工会新闻报刊的业务指导，等等。工会资产监督管理部门要协调指导职工文化教育体育阵地单位，积极做好联系服务工作，主动承接工会各类服务项目和工作任务。

（三）加强和规范职工文化教育体育阵地管理

把职工文化教育体育阵地管住管严管好，确保不出现“漏洞”、“黑洞”，是工会资产工作的重要内容。一是把规范管理工作制度化、规范化、经常化。要加强组织领导、制订工作方案、强化对下指导，把职工文化教育体育阵地的规范管理工作摆上重要议事日程，使之逐步制度化、规范化、经常化。二是要建立健全重大事项管理制度。把对本级职工文化教育体育阵地的管理摆在首要位置，依法履行出资人职责，加强对资产配置、运营、收益、处置环节重大事项的管理，按程序履行报批或备案手续，确保工人文化宫、职工学校、工会干部院校等工会资产不流失、阵地不丢。按照工会章程的规定，工会干部院校、工会新闻报刊等工会资产不得随意改变产权关系和隶属关系。三是实施统一考核。没有考核，就没有监督管理。没有统一考核，也就没有统一监管。要统一实施对职工文化教育体育阵地单位班子的目标责任制考核，考核目标应涵盖党建工作、公益性服务、事业经营收入、制度建设、安全管理等方面，并把考核结果与领导班子职务任免、绩效工资等挂钩。通过考核，引导职工文化教育体育阵地积极融入市场经济，强化内部管理，提升服务质量，创新服务方式，拓展服务内容，提高服务效益，跟上国家文化事业和文化产业发展的步伐。

三、依法监管职工文化教育体育阵地

职工文体教育阵地要按照突出公益、聚焦主业、自主经营、依法监管的要求，通过完善投入机制、加强规范管理、深化内部机制改革，不断提高服务水平和服务质量，充分发挥工会“大学校”作用，真正发挥工会宣传阵地、培训学校、职工乐园和精神文明窗口的作用。

（一）坚持以社会主义核心价值观为引领

职工文体教育阵地作为公共文化教育服务设施和意识形态阵地，必须深入贯彻落实习近平新时代中国特色社会主义思想，坚持以社会主义核心价值观为引领，这是由我国社会主义的性质决定的。要按照《公共文化服务保障法》等法律法规和文件政策的要求，牢牢掌握意识形态工作领导权，落实意识形态责任工作制，加强阵地建设和管理，更加自觉地坚定职工文体教育阵地的性质和发展方向。同时，国家已经明确，各级政府在公共文化服务的建设、组织、提供、保障方面负有主导责任。突出职工文体教育阵地的公益性服务性，关键是努力推动当地政府将其纳入公共文化、教育、健康服务体系，在建设、维护、运营、活动开展等方面给予有力支持。

（二）做优做强主责主业

要突出主责主业，坚持工会工作特色和职工文化特色，创新工作机制，开展不同类型、不同层次的文化服务活动，不断增强对广大职工的吸引力、凝聚力，有效发挥服务职工、服务基层的作用。一是面向工会。职工文体教育阵地的业务活动首先是工会工作特别是工会宣传教育工作的延伸，要加强与主管工会宣教部门的联系，积极主动承接工会购买文化服务。二是面向基层和职工。职工文体教育阵地的服务重心和重点在基层，发展的基础也在基层，要创新工作机制，加强与企业、一线职工的紧密联系，把根深深扎在基层。三是面向社会。职工文体教育阵地作为公共文化教育设施，不能仅仅服务工会和职工，也要为社会提供文化服务。要在服务职工和工会、坚持职工文化特色的基础上，开展符合社会大众多层次文化需求的文化服务。

（三）加强阵地管理

职工文体教育阵地具有强烈的政治属性和工会属性，要加强对阵地建设的统筹和保护力度，实现规划布局合理、阵地管理规范、品牌保护严格。在规划布局上，坚持优化盘活存量，科学配置增量，重点扶持职工相对集中的省会城市和中心城市工人文化宫、工会院校建设，充分发挥其示范引领作用。在阵地保护上，坚持严格履行报批程序，加强对资产处置事项的审批管理。在品牌保护上，要坚持牌子不变、性质不变、产权不变的原则。在增强阵地服务功能方面，要积极做好工人文化宫等职工文体教育阵地的维修改造和设施设备更新工作。在规范控制新建项目方面，要采取盘活存量、调整置换、集中利用等方式进行建设，确需新建的，必须立项文件齐备、建设资金到位，并纳入当地政府建设规划。

（四）加强资产管理

对工人文化宫等职工文体教育阵地的资产管理，既要遵循产权管理的一般原则，又要注重其特殊性。工人文化宫资产的占有、使用、运营、收益、处置都要有制度规范，做到资产增减有人核、产权变动有人问，形成管理上的闭环，杜绝资产管理上的“漏洞”、“黑洞”。同时，职工文体教育阵地是工会组织服务职工的重要阵地和窗口，根据其性质和职能，要以政治性、先进性、群众性为标尺，凡是有损于工会形象的资产经营行为、整体或大面积出租承包、有机构有编制但无阵地无人员无活动等情况都需要规范整改。要根据全国总工会文件精神，采取“清理、隔离、规范、摘牌、恢复”等不同措施，最大限度地盘活、用好职工文体教育阵地的资产，使之更好地发挥服务基层、服务职工的功能。

（五）落实管理主体责任

建设合适的场地、功能完备的设备设施、醒目的标识等外在形象，是评判阵地建设的标准之一，但不是主要标准。职工的使用率、满意率才是主要标准。理顺职工文体教育阵地的管理体制机制，明确谁来管、管什么、怎么管的问题，落实主管工会的主体责任和上级工会的监督责任。在管理体制方面，由资产监管部门负责职工文体教育阵地的资产监督管理和改革发展工作，由宣教部、组织部等实施业务指导和协调服务。在落实主体责任方面，把职工文体教育阵地的工作纳入工会工作特别是工会宣教工作、干部教育工作总体部署，优先购买其服务项目。加强对职工文体教育阵地班子的目标责任制考核，并把考核结果与领导班子职务任免、绩效工资等挂钩。从全国总工会做起，按照下管一级的原则，定期对下一级工会履行主体责任，及对职工文体教育阵地突出主业、严格资产处置、加强财务管理等情况进行督察，对责任不落实的，要坚决予以公开通报。要贯彻落实全国总工会有关工会经费向基层、向职工倾斜的政策，制定工会购买服务制度，以职工文体教育阵地等工会阵地承接服务项目等形式，支持工会阵地做优做强主业。

第二节　创新发展职工疗休养服务事业

职工疗休养服务事业是以疗休养院为主要服务阵地，维护和保障职工劳动健康权，提高职工生产积极性的一项事业。职工疗休养服务事业兴起于中华人民共和国成立初期，随时代发展不断创新服务内容和方式。新时代职工疗休养服务事业，需要我们牢记使命、不忘初心，牢牢把握新时代职工的劳动健康需求，创新发展。

一、职工疗休养服务事业的概念、特点和地位

职工疗休养服务事业是各级工会组织为维护广大职工的劳动健康权益，保护和促进职工身心健康，激发劳动者的工作热情，以更好地投身于国家经济社会建设，通过兴办工人疗休养院等服务阵地，协助企业、事业单位、机关组织开展的一项事业。

职工疗休养服务事业具有社会保障性、集体福利性、公益服务性的特点。职工疗休养服务事业本质是集体劳动保险事业，是社会保障事业的组成部分。中华人民共和国成立初期，为保护职工健康，减轻职工生活中的困难，国家颁布《劳动保险条例》，规定由工会兴办疗休养院等集体劳动保险事业，相关费用由实行劳动保险的企业行政方面或资方负担。在职工保险保障法律法规和制度日益完善的今天，职工疗休养服务事业更多体现的是其作为集体福利事业的特点，财政部《关于企业加强职工福利费财务管理的通知》规定，企业职工疗养费用作为企业为职工卫生保健、生活等提供的福利待遇列支。职工疗休养服务事业具有很强的公益服务性，这也是由其社会保障性和集体福利性的特点所决定的。职工疗休养服务事业开展服务的场所

主要是各级工会组织兴办的工人疗休养院，这些疗休养院大多是中华人民共和国成立初期在党和政府的关心支持下建设起来的工会事业单位，多年来，其一直承担着社会其他组织难以替代的职工疗休养公益服务责任，是职工疗休养服务事业不可或缺的服务阵地。工会以工人疗休养院为阵地服务职工疗休养，不以营利为目的，一般由职工所在单位出资，工会组织予以补贴，职工群众享受免费或低费的疗休养服务，充分体现出职工疗休养服务事业的公益服务性。

职工疗休养服务事业的性质和特点决定了其在国家和工会工作中的地位。职工疗休养服务事业是党和政府赋予工会的社会职责，是国家社会保障和医疗卫生事业的组成部分，是工会维护职工权益、为广大职工服务的重要阵地和窗口。维护职工合法权益是工会的基本职责，疗休养权益是职工合法权益的组成部分，这是国家通过法律形式予以明确了的。《劳动法》规定，国家发展社会福利事业，兴建公共福利设施，为劳动者休息、休养、疗养提供条件。用人单位应当创造条件，改善集体福利，提高劳动者的福利待遇。《工会法》将“工会协助用人单位办好职工集体福利事业”作为工会的权利与义务。《中国工会章程》则规定，享受工会举办的疗休养事业优惠待遇是工会会员应享有的权利之一。工会发展职工疗休养服务事业就是为了更好地维护职工疗休养权益。新中国成立以来，党和政府委托各级工会创建了一批工人疗休养院，而且在场地、资金、设施和政策上给予大力支持，充分体现了党和政府对广大职工的关心和爱护。职工疗休养服务事业是工会组织为职工办实事、办好事的重要举措，体现了党和国家对职工的关心爱护，对保护职工身体健康、激发职工劳动热情、促进经济社会发展起着积极作用。加强对职工疗休养工作的指导，积极争取地方政府对职工疗休养服务事业的支持，将职工疗休养服务事业纳入当地社会保障和公共卫生服务体系建设一并规划发展，切实维护职工疗休养权益，是各级工会组织的重要职责和任务。

二、把工人疗休养院建设管理工作放到突出位置来抓

工人疗休养院是中华人民共和国成立初期在党和政府的关心支持下兴建的，多数位于风景秀丽地带或城市优良地区，且拥有温泉、冷泉、海滩、森林等天然资源，是各级工会组织服务职工疗休养的主要阵地。截至 2017 年末，全国总工会直属或由地方工会管理的工人疗休养院共计 127 所，目前已经建立了 40 家劳动模范疗休养基地，初步形成了以劳模疗休养基地、职工健康管理、工伤康复为特色的三大业务品牌。

多年来，工人疗休养院在服务职工和劳模疗休养方面发挥了重要作用，同时也遇到一些困难和问题。一段时期以来，工人疗休养院出租、承包、委托经营以及不规范合作的现象不同程度地存在，主业不突出、公益性服务性弱化等问题亟须解决；服务理念、服务质量、管理水平与广大职工日益增长的疗休养需求存在较大差距；市场意识淡薄、经营机制不活、服务特色不鲜明、自我发展能力不强；投入不足、设施设备落后、人员包袱沉重等，严重削弱了工人疗休养院为职工服务的能力，制约了疗休养院的发展壮大。新形势下，工人疗休养院建设管理、改革发展的任务依然艰巨。

工人疗休养院是工会维护职工疗休养权益，直接服务职工群众的窗口和阵地，体现着工会组织的政治性、先进性、群众性，必须要把工人疗休养院的建设和管理放到突出位置来抓。在全国总工会改革试点工作中，全国总工会将“加强和规范工人疗休养院管理，突出其公益性服务性，增强其自我发展能力”作为重要内容，2016 年以来，先后印发《关于加强和规范工人

疗休养院管理的意见（试行）》、《关于推进工人疗休养院改革发展的指导意见》，对工人疗休养院建设、管理以及改革发展提出了明确要求。

坚持工人疗休养院疗休养服务的正确方向。工人疗休养院要坚持保护和促进职工身心健康的工作方向，以疗为主、疗休结合，聚焦主业，积极做好疗养、休养、康复、体检等业务。要坚持以基层职工群众为主要服务对象，重点服务患慢性病、职业病和工伤等急需疗养康复的职工，长期从事苦、脏、累、险工作的在职职工，以及各级各类劳动模范和先进工作者。要坚持公益性与市场运作的有机统一，在坚持公益性的前提下，适应社会主义市场经济规律，推进工人疗休养院体制机制改革，在市场竞争中做优做强职工疗养服务事业。

坚持依法合规、自主经营、盘活存量、积极稳妥的原则，加强工人疗休养院资产管理，管住管严管好工人疗休养院资产，充分发挥其应有的作用。不得整体出租、承包、委托经营，不得新签出租、承包、委托经营合同。工人疗休养院开展对外合作，必须坚持周密论证决策，确保履行职责，服务主业发展，严格控制风险，严防资产流失。对合作对象的资质、诚信记录、技术管理水平和综合实力等情况进行考察评估，选择有实力、信用度高的合作对象。严禁以合作为由擅自输出工人疗休养院品牌。合作机构不得使用工人疗休养院的医疗文书、印章、票据和账户等。合作项目必须报经上级工会审批同意，达到一定规模的要按照规定上报全国总工会审批。合作期限原则上不超过 5 年。名存实亡的工人疗休养院要清理、恢复。严格工人疗休养院资产处置审批程序。地方工会对所属疗休养院改变性质、改变所有权以及关、停、合并或撤销事宜，由省级总工会上报全国总工会，经全国总工会批准后方可实施。地方工会对所属疗休养院进行转让开发，非经营性土地转为经营性土地等，要由省级总工会向全国总工会上报审批后方可实施。严控工人疗休养院异址新建行为。如需新建疗休养院，必须符合以下条件：一是主管工会所辖的现有疗休养院经营状况良好，近三年来收支平衡、略有盈余；二是严格进行市场调研论证，规模适度；三是坚持疗休养主业，严禁以工人疗休养院为名，搭车兴建楼堂馆所。要加强制度管理，通过建立生产经营管理指标考核制度、职工和劳模疗休养满意度评价制度、工人疗休养院重大问题查处通报制度等，建立健全各项管理制度，提高工人疗休养院管理水平。

按照因地制宜、分类施策、回归职能、做精做优的要求，突出抓好工人疗休养院重点业务领域工作，做强做优劳模疗休养基地、职工医疗康复定点机构、职工健康管理中心三大品牌。要以创建劳模疗休养基地为方向，参照全国总工会《劳动模范疗休养基地管理办法》，明确发展战略，改善软硬件设施，全面提升工人疗休养院的管理水平和服务质量；要以健康体检业务为基础，对职工个人健康进行监测、分析、评估并进行健康维护和健康促进等延伸服务，培育职工健康管理中心，开拓健康管理业务，将职工从一次体检的健康体验者转变为终身健康管理的受益者；要以医疗康复为基础，以职业康复为核心，以促进患病职工回归社会、劳动岗位及家庭为目的，建设集职业病防治、医疗康复、职业康复和社会康复于一体的综合康复服务机构。

落实各级工会特别是工会主管部门的监督管理主体责任，抓好工人疗休养院的建设管理工作。各级工会各负其责，加强对工人疗休养院的领导，建立起上级工会对下级工会工人疗休养院工作的考核监督机制。加强工人疗休养院班子建设，落实工人疗休养院的经营管理自主权和院长负责制。加强疗休养院党的领导和建设，坚持全面从严治党，选好配强党组织负责人，坚持“一岗双责”，落实党风廉政建设责任制。加大扶持力度，将工人疗休养院基础设施、设备更新改造费用列入主管工会经费预算。加强工人疗休养院资金资产管理，对工人疗休养院使用政府财政和工会经费情况进行绩效考评。加强医务人才队伍建设，指导工人疗养院配齐配足医务人员。组织开展职工疗休养活动，指导企业工会将职工享有疗休养权利的内容写入集体合同，把职工疗休养工作纳入工会开展的职工普惠性服务之中，有计划、分批次地将职工组织到疗休养活动中来，把开展职工疗休养活动与促进疗休养院的发展紧密结合起来。

三、积极发展职工休闲旅游产业

随着我国经济社会的发展，休闲旅游日益成为广大职工群众的普遍需求。《中国工会章程》规定，工会会员有享受工会举办的旅游优惠待遇的权利。在国家政策鼓励和全国总工会的倡导下，以职工为主要服务对象的职工休闲旅游产业应运而生并发展起来。目前，全国有职工旅行社一百余家，分布在31个省、自治区、直辖市。同时，全国各级工会还建有宾馆、饭店，与各地职工旅行社互利合作，共同构建起了服务职工的工会职工休闲旅游产业体系，成为我国工运事业和旅游业的组成部分。

工会的职工休闲旅游有着不同于社会一般休闲旅游的特点和优势。一是工会职工休闲旅游的主要服务对象是职工群体，是有组织的、服务于广大职工群体的休闲旅游，承担着工会组织团结教育引领职工、维护职工休息休假权益的职责和任务，具有一定的公益性，体现工会组织的政治性、先进性、群众性，更加注重社会效益。二是主要服务形式和内容多为寓教于游的健康向上的休闲旅游活动，通过组织职工参观游览革命传统教育基地、老工业基地以及“旅游+职工疗休养”、“旅游+职工文体活动”等形式，提高职工群众对祖国经济社会发展的自豪感，团结广大职工群众以更好的精神状态投入生产劳动之中。三是通过将职工休闲旅游产品开发与工会工作任务、国家“一带一路”倡议等紧密结合，组织国内职工走出去、国外职工走进来，服务于工会工作和国家经济社会发展。四是职工休闲旅游产业主要依托于各级工会组织，借助组织优势，有助于提高市场竞争能力。职工休闲旅游产业的服务机构或载体主要是各级工会的职工旅行社以及工会宾馆、饭店和疗休养院等，充分利用这些工会系统内的资源，有助于延伸服务链条，减少服务成本，为全方位、多层次服务职工群众提供有力保障。

新时代职工休闲旅游产业面临难得的发展机遇。全面建成小康社会对旅游业发展提出了更高要求。“十二五”期间，旅游业全面融入国家战略体系，成为国民经济战略性支柱产业，成为传播中华传统文化、弘扬社会主义核心价值观的重要渠道，成为生态文明建设的重要力量，并带动大量贫困人口脱贫，绿水青山正因为旅游业的发展而成为金山银山。国务院《“十三五”旅游业发展规划》指出，我国旅游业将呈现消费大众化、需求品质化、竞争国际化、发展全域化、产业现代化的发展趋势，要全面落实旅游业创新驱动、协调推进、绿色发展、开放合作、共建共享，突出理念创新、产品创新、业态创新、技术创新和市场主体创新，加快休闲度假产品开发，提升红色旅游发展水平，突出旅游的文化内涵、理想信念教育功能和脱贫攻坚作用。这就为职工休闲旅游业的发展提供了重大机遇。

工会职工休闲旅游产业的发展，应处理好公益性与市场化的关系，做到坚持经济效益和社会效益两个效益并重。坚持服务职工的内容和方向，按照市场经济规律运作，实现资源优化配置，惠及广大职工群众。深化体制机制改革，通过改革，建立产权清晰、权责明确、政企分开、管理科学的职工旅行社现代企业制度。强化管理、服务和商业模式等多方面创新，整合职工需求，利用党政资源、工会资源、社会资源，搭建互联网平台，用先进理论和技术，突破职工休闲旅游工作的“多元化、个性化、碎片化”瓶颈。加强党的建设，把党建工作融入到经营管理的一切工作之中，全面落实党中央决策部署和工会工作要求，把党建工作成效转化为职工休闲旅游业的发展成效。

四、积极发展职工健康管理产业

职工健康管理产业是指以工会的工人疗休养院为主要服务阵地，打造健康管理中心，在职工健康体检业务的基础上，拓展服务内容，对职工进行健康和疾病监测、分析、评估以及健康维护和促进等延伸服务，更好地满足新时代职工健康需求的产业形态。

发展职工健康管理产业，是适应新时代“健康中国”建设的必然要求。2016 年发布的《“健康中国 2030”规划纲要》提出，要发展健康服务新业态，促进个性化健康管理服务发展，培育一批有特色的健康管理服务产业。经过多年发展，工会健康体检业务已有一定规模，为职工健康管理产业的发展打下了坚实基础。为更好地维护职工健康权益，切实惠及职工，全国总工会要求各级工会可以在企业或职工较为集中的区域，利用工人疗休养院等工会服务场所，积极开拓职工健康管理业务，将职工从一次体检的健康体验者转变为健康管理的终身受益者。全国总工会要求各地已经开展健康体检业务的工人疗休养院，在现有的职工体检业务的基础上，对职工健康和疾病进行延伸服务，在 2017 年底前全部建立电子档案，做好咨询跟踪服务，打造为职工提供全面的健康保障服务的健康管理中心。全国总工会也将在全国设立健康管理中心建设试点单位，积极探索发展健康管理产业。

发展职工健康管理产业，要与各级工会组织参与职业病防治工作相结合，体现工会组织职责。在建设健康管理中心的基础上，争取申办“职业卫生技术服务机构”，取得国家职业健康检查资质，参照国家有关规定，对从事接触职业病危害作业的劳动者进行上岗前、在岗期间、离岗时的健康检查，强化工会组织依法开展职业病防治工作、维护劳动者合法权益的职能，拓展服务群体。要重点做好基层单位团体会员健康管理服务，根据不同行业提供针对性的评估指导。同时，可以将健康管理与职工疗休养有机结合，根据不同职工群体的健康状况，制订个性化疗休养方案并提供相关服务。

五、做好国际海员俱乐部工作

国际海员俱乐部是中国工会领导和管理的，为国际海员、国内海员服务的社会公益性涉外事业单位，是我国对外宣传的窗口。国际海员俱乐部的基本任务是贯彻落实党和国家的政策、方针，做好对国内外海员的“友好、服务、宣传”工作；团结广大中外海员，为发展我国航运和外贸运输事业服务，为我国社会主义现代化建设服务。国际海员俱乐部的主要优惠服务对象是进出我国港口的外籍商船、旅游船和其他民用船舶的海员；国内远洋、沿海、江河上的到港船舶的船员和随船家属或前来港口会亲的海员家属。国际海员俱乐部主要开展的业务活动包括：根据海员的特点，为到港海员提供生活服务；做好到港海员的宣传工作；为伤病海员提供医疗救助服务；组织参观游览、文娱、体育、宣传教育、技术交流活动等。

多年来，国际海员俱乐部围绕本职，按照国家政策方针、法律法规，做好对各国海员的外宣工作。在俱乐部内设“海员之家”、“海员书屋”、“海员服务点”、“海员健身房”等，面向所有国际海员开展交通、住宿、餐饮、健身、通讯、家属帮助以及海员紧急医疗救助、法律援助、心理疏导、登轮慰问等服务。对于过生日、患病、旅游观光等有个性化需求的海员，提供组织生日聚会、熬药煲汤、医院送餐、旅游导览等个性化服务。配合政府做好《2006年海事劳工公约》海员岸上福利设施部分的履约工作。在“一带一路”大背景下，扎实服务国际海员，向国外海员、船舶讲好中国故事，传递中国声音，展示大国形象，促进中外海员民心相通，增强国际海员对中国的了解、信任和安全感。

在当前全面深化改革的重要历史时期，要继续深化国际海员俱乐部的改革，实现国际海员俱乐部在坚持主责主业前提下的自我可持续发展。理顺管理体制，加强对国际海员俱乐部的领导和管理，确保国际海员俱乐部能够坚持主业，能够更好地体现工会组织的政治性、先进性、群众性；加强政策协调，为国际海员俱乐部坚持公益属性、开展公益服务提供政策支持，将国际海员俱乐部的建设与发展纳入国家和当地政府的公共服务体系，一并规划发展；加强业务指导，丰富国际海员俱乐部服务内容，提升服务质量和水平，提高市场竞争力。

第三节　规范发展职工互助保障事业

各级工会组织开展职工互助互济保障活动，体现了工人阶级团结友爱、互帮互助的优良传统，是工会服务职工群众的一项传统活动，是工人运动的重要内容，也是社会互助的重要组成部分。在社会主义市场经济条件下，为更好地解决职工因伤因病致贫致困问题，各地工会根据本地区经济社会发展实际，探索开展了多种形式的职工互助互济保障活动，切实解决广大职工群众的实际困难，为构建中国特色多层次社会保障体系和维护社会和谐稳定作出了积极贡献。

一、职工互助保障的概念、特点和地位

互助保障是人类社会进入工业化时代之后的一种社会互助形式，是社会安全网的组成部分。有别于政府主办的社会保险和社会救济，也有别于营利性的商业保险，互助保障是由特定社会组织主办、不以营利为目的、面向成员的互助互济活动，主要采取经济互助的方式为成员的养老、健康、伤残、失业等风险提供保障。

工会主办的职工互助保障，基本属性可以从两个层面去认识：第一个层面，是职工互助互济活动与合作经济的结合；第二个层面，职工互助互济活动与合作经济的结合方式采用保险机制。

依托全国工会系统完善的组织体系，中国职工互助保障形成了“会员制、低成本、低缴费、非营利”的发展模式。

第一，采用会员制。实行会员共同所有、民主管理。互助组织财产属于全体会员共同所有。会员通过所在工会以团体形式参加互助组织，在互助保险期内，承担缴纳会费的义务，享有共同参与、民主表决各项重大事宜及结余分配的权利。按照互助组织章程的规定，互助组织的最高权力机构是会员代表大会。所有参加互助保险活动的会员无论参加一项或几项保障活动，都可以参加会员代表大会，平等享有表决权。

第二，依托工会开展互助保障活动，有效降低运营成本。以中国职工保险互助会为例，其办事处依托当地工会组织设立，办事处职工互助保障工作纳入当地工会年度计划和考核指标。通过工会网络，互助会形成了办事处、代办处与基层代办点的组织体系，建立了深入企业、车间、班组直至职工家庭的庞大服务网络；配备了专职、兼职工会干部和工作人员，向会员提供全程代理服务，为互助费收缴、互助金支付及其他各项延伸

服务提供了更加高效、安全、便捷的平台。充分发挥了工会职能与联系、服务职工的天然优势，低成本、大规模、高效率地开展小额健康与意外互助保险活动，也最大限度地避免了逆选择和道德风险的发生。

第三，以广大职工特别是中低收入职工为服务对象，开展收费低廉的小额保障。力求做到“为职工服务最优化、帮职工解难最大化”。通过工会组织深入职工群众生产、生活第一线，倾听、收集广大职工尤其是中低收入职工保障需求并进行产品设计和推广，通过开展低廉的小额保障，覆盖了目前很多商业保险公司忽略或无法渗透到的中低收入职工群体。代办处与基层代办点专、兼职工作人员经常主动到职工家庭进行慰问，了解职工保障、健康、患病情况；患病职工只需提供相应手续就能进行互助金申领，最大限度地便利了职工，提升了服务效率和会员满意度。同时，其在产品设计上通俗易懂、保单简单、保费低廉、保障较高。

第四，坚持非营利的经营原则。互助组织结余资金及收益属于全体会员。会员上交的会费及收益除支付互助金（赔款）、提存责任准备金和保障基金外，以事业发展基金、互助互济金等形式，最终返还给全体会员。如通过“金秋助学”、“爱心助学”等方式为困难会员家庭子女上大学提供助学金、为特困会员及家属送保障、在元旦和春节走访慰问特困会员家庭并发放救助金、对出险和患重大疾病造成家庭困难的会员给予爱心救助等。

党的十八大以来，全国总工会将职工互助保障事业列为工会资产聚焦发展的三大服务领域之一，加强监管，改革创新，配置各种资源力量。中国工会十七大修订的《中国工会章程》将“互助保障”作为工会会员的一项权利纳入其中，从源头上为职工互助保障组织和活动的发展提供了制度保障。2018 年

《中华全国总工会关于加强职工互助保障活动规范和管理的意见》，明确职工互助保障活动“统一监管、分级管理”治理体系和“规范化、制度化”运营管理目标。2020年《职工互助保障组织监督管理办法》，从落实监管责任、完善监管方式、规范运营规则等方面明确各主办工会监督管理的主体责任，全面强化对职工互助保障组织的监督管理。2021年7月，全国总工会出台了《中国工运事业和工会工作“十四五”发展规划》，提出“充分发挥职工互助保障组织作用，加强和规范职工互助保障活动管理，推动实现全国职工互助保障活动省级统筹或管理”。全国总工会的高度重视和支持，为职工互助保障的发展提供了强大的组织优势和制度保障。

二、坚持职工互助保障正确的发展方向

工会开展的职工互助保障活动是国家多层次社会保障体系的重要组成部分，是工会服务职工的重要领域。活动依托工会组织体系，发动职工自愿参与、共担风险，既维护了职工的医疗保障权益，又彰显了工会的桥梁纽带作用。加强和规范互助保障活动，必须从工会工作大局出发，坚守服务职工的公益属性，坚持互助的组织特色，坚定维护职工医疗保障权益的目标，取之于职工，用之于职工，切实提高职工抵御风险的能力，将互助保障事业打造成职工满意、党政支持、社会认可的品牌工程。

1. 坚守服务职工的公益属性。开展互助保障活动要不忘服务职工的初心，坚守公益性导向，坚持“非营利”的发展原则，充分考察职工需求，为职工提供低成本、低收费的普惠性保障服务，不得以开展互助保障活动为由从事商业保险产品宣传、销售及集资、融资活动。要强化责任意识、担当意识，加强对特殊群体的服务，尤其要将农民工、去产能过程中的困难企业

职工纳入保障体系，增强他们的获得感和幸福感，帮助政府和企业解决经济发展和社会转型中的难题，促进劳动关系和谐稳定。要合理引入社会化市场化运作机制，提高公益服务的效能，鼓励协同工会内外部资源，围绕职工健康发展主题开展多种形式的会员服务。

2. 坚持互助的组织特色。互助保障活动采取“会员制”运作模式，遵循“大数法则”，职工的广泛参与是活动可持续发展的根本保证。各级工会组织必须尊重互助保障活动规律，积极弘扬互助互济精神，引导职工主动参与，鼓励职工个人出资，注重缴费义务与保障权利的统一。要激发会员的“主人翁”意识，引导会员主动参与建设管理，坚持公平、公开、公正的原则，接受会员监督，保证效率和质量。

3. 坚定维护职工医疗保障权益的目标。互助保障活动以经济手段维护职工医疗保障权益，目标是提高职工保险保障水平。各级工会开展活动要充分考察职工需求，在全民医保的整体框架下，加强与政府基本医疗保险、大病保险和工会帮扶工作的有效衔接，着力解决好当前发展中存在的不平衡不充分问题，根据本地区经济发展水平、医疗保障状况合理科学开展活动，尽力而为，量力而行，坚持适度补偿原则，合理设计保障项目，防止出现保障不足或过度补偿。有条件的地区要积极争取党政支持，协调社会资源，为互助保障事业发展营造环境、创造条件。

三、改革和完善治理体系

工会职工互助保障活动要坚持会事分开，管办分离。以“统一监管，省市运作，机构独立”为原则，理顺工会互助保障活动治理体系。合理界定各级工会的主办职责、监管职责和互助保障组织的运营管理权限，创新管理模式，逐步推动互助保障组织建立健全法人治理结构，建立行政监管与行业自律有机结合的监管体系。

（一）明确各级工会的主办职能

积极探索管办分离、放管结合的有效实现形式，引导地方和产业工会有计划、有步骤地开展互助保障活动。严格准入和退出机制，设立职工互助保障组织应当经本级工会批准，在相关部门登记注册并依法取得法人资格。各级主办工会要承担本级互助保障活动主体责任，履行好主办权、发展权，科学制定本区域活动发展规划，合理设立活动项目，控制会员人数和资金规模，逐步提升统筹层级，积极推进市（地）级统筹，鼓励省级统筹或省（区、市）统一政策、统一组织实施，提高抗风险能力。建立健全“三重一大”决策机制，规范决策行为，抓好决策落实。建立以公益性为导向的评价考核机制，定期组织绩效考核以及主要负责人年度和任期考核，将考核结果与薪酬、奖励、任免挂钩。

（二）明确各级工会的监管职责

全国总工会资产监督管理部负责对全国职工互助保障组织进行统一监管和业务指导，地方和产业工会负责本级和下级互助保障组织的监督管理。要重点加强对互助保障活动内容、经营管理行为、资金使用、风险控制能力的监管，完善重大决策、重大事项、大额资金使用的报备、报批机制，加强对关键岗位、关键人的监督问责。各级工会要明确互助保障组织的监管部门或机构，逐级落实监管责任，建立健全监管制度，丰富监管手段。应当建立内部稽核和外部审计机制，每年度定期对互助保障组织经济行为和财务活动进行会计和审计监督，审计结果报上级监管部门备案。上级工会和下级工会监管部门间要建立协同监管机制，加强信息数据互通和共享，提升监管效率和质量。

（三）落实互助保障组织经营管理自主权

逐步推动互助保障组织成为权责明确、运转高效、依法自治的法人主体。互助保障组织作为独立法人，与主办工会在组织、人员和财产等方面分离，按照国家政策法规和全国总工会互助保障管理相关规定，建立统一管理制度体系，依法依规经营管理，主要行使内部机构设置、中层及以下人事任免、人才招聘、内部绩效考核、薪酬管理、年度预算管理等权力，并承担经营管理责任。

（四）建立互助保障行业自律机制

2020 年 9 月 18 日，在中国职工保险互助会五届四次理事会议暨全国职工互助保障组织实现高质量发展现场推进会议上，成立了全国职工互助保障组织行业自律管理委员会，正式启动行业自律管理工作。每年召开自律管理委员会全体会议，制定出台了《全国职工互助保障组织行业自律管理委员会工作规则（试行）》、《全国职工互助保障组织行业自律规则》，构建职工互助保障行业自我规范、自我协调、自我约束机制，促进行业健康发展。

四、构建普惠制服务体系

围绕社会保障体系建设和“健康中国”战略两条主线，拓展会员服务的深度和广度，不断完善产品体系，丰富活动内容。着力聚焦服务职工能力、水平和方式上的转变，运用“互联网+”思维，提升服务的质量和效能。

（一）推进互助保障产品供给侧改革

从区域经济发展和医疗卫生保障实际出发，围绕职工医疗健康保障需求，建立以医疗、大病和意外为主体的互助保障产品体系，鼓励在此基础上创新保障项目，满足职工多元化保障需求。坚持普惠制原则，以在职工会会员为主体提供保障服务，研究解决特殊群体保障问题，将农民工、去产能企业分流转岗失业职工、新就业形态劳动者及非公企业职工纳入互助保障活动范围。提倡开展中短期保费型互助保障活动，全面清理清退长期、储金型互助保障产品。各主办工会要建立职工需求分析和反馈机制，科学设计产品，规范研发流程，对开办的互助保障活动内容要严格审核把关，并经本级和上级工会职工互助保障活动监管部门（机构）备案。

（二）创新服务方式，拓展服务领域

积极整合社会资源，引入市场化手段，提升互助保障服务能力水平，丰富服务内容和形式。鼓励向地方政府争取政策，建立与社保、医疗卫生机构间的沟通合作，加强与会员单位的联系，打通服务通道形成发展合力。延伸发展互助保障服务链，探索与体检中心、康复中心、医院、疗养院等机构建立合作，围绕健康保障主题开展多种会员服务，引导会员增强健康管理意识，降低疾病发生概率，降低职工医疗成本。

（三）运用“互联网+”思维提升服务效能

各级工会组织要将互助保障活动纳入“互联网+”工会建设中，充分利用现代信息技术和新兴媒体，宣传推广互助保障活动，创新组织模式和服务手段，拓宽职工参与渠道，建立与职工的直接联系。通过信息化平台建设，构建“扁平化”服务模式，不断优化流程、简化手续，促进线上线下工作相互融合，为职工提供精准、高效、便捷的保障服务。加强网络和信息安全管理，完善会员个人信息保护制度和技术措施。建立信息共建共享机制。充分挖掘数据资源，为分析决策提供依据。

五、规范运营管理体系

加强互助保障活动运营管理的标准化、制度化建设，提升风险管理能力，打造适应发展的人才队伍，逐步形成规范、科学、专业、高效的互助保障活动运营管理体系。

（一）建立管理标准、规范运营行为

探索建立互助保障活动规范化运营管理的标准体系，完善修订活动章程，明确开展活动的资质，逐步统一产品研发、业务管理、业务流程、财务核算、偿付能力监管等管理标准，引导互助保障组织参照标准合规运营。逐步清理合并地方工会开办的规模以下互助保障组织，鼓励集约化发展，推动实现省级统筹或市级统筹、省级管理。

（二）建立健全经营管理制度

强化互助保障活动顶层制度设计，研究确立互助保障组织经营管理制度体系建设标准，指导互助保障组织参照标准，结合自身实际建立包括决策计划、组织流程、业务流程、内控风险、财务资金、人力资源、绩效考核等涵盖全部业务领域的配套管理制度，提高制度的可操作性与合规性，严格用制度约束日常经营管理行为。各主办工会有责任指导互助保障组织抓好制度建设，夯实管理基础，各级工会监管部门要将经营管理制度作为互助保障组织监管的首要依据，对于制度建设不完善的必须及时指正，尽快修订补充。

（三）建立风险防控机制

增强风险防控意识，建立风险排查、监测预警、协调联动机制，分类、识别、量化和评估各类风险，掌握风险状况。通过内控、稽核、审计等手段，及时查找漏洞，化解风险隐患。提高风险管控的信息化水平，按照管理权限为各级管理者提供相关数据和风险预警信息。合理设立风险准备金，规范风险准备金的提取、划转、使用和支付程序，防范发生系统性和区域性给付风险。

（四）加强管理队伍和人才队伍建设

建立核心管理人员任职资格标准，按标准选人用人，将政治素质高、事业心强、专业本领过硬的干部选派至关键岗位。强化干部任期、离任审计制度，加强党风廉政建设，坚决杜绝腐败。加大人才引进力度，充实专业队伍，面向社会吸收管理、法律、精算、风控等相关领域专业人才，组建专家团队为事业发展提供智力支持。建立互助保障工作培训体系，注重理论和实操相结合、工会特色和专业特性相融合，通过培训提升队伍整体能力素质。建立健全人员聘用管理、岗位管理和薪酬管理制度，完善干部考核评价和激励机制，优绩优酬，激发队伍整体活力。

六、强化资金管理使用

各级工会要加强互助保障活动资金的安全、规范管理。坚持专款专用原则，加强预算管理和决策管理，严格执行财务制度，控制好资金管理的各个环节，建立多层次资金监管体系，落实监督职责，确保资金管理使用合法合规。

（一）严格控制资金使用范围

互助保障活动资金属于全体会员所有，主要用于支付出险会员的互助金，任何组织、个人不得侵占和挪用，不得用于兴建、改建办公场所。活动资金、结余资金不得违规投资运营，只能用于银行存款、购买国债等低风险固定收益类产品，不得购买股票、基金、债券、期货、理财等，增值部分要全部纳入互助资金收入管理。在正常赔付外开展的会员活动、帮扶救助要建立相应的资金管理制度，严格审批、合理使用，接受会员监督，并在一定范围内向会员公示。各级工会开展互助保障活动可提取管理费进行日常运作，但要严格控制比例，降低费用开支。

（二）规范资金管理使用

按照集中、统一的原则，提高资金管理统筹层级，避免多头分散管理，控制资金合理结余，提高资金使用效率。要加强财务基础工作，建立健全资金使用管理制度和内控机制，分离不相容岗位，明确各业务环节、岗位的衔接方式及操作标准，健全资金收支管理，坚持收支两条线，减少不必要的资金流转环节。规范账户、账目管理，原则上要设立独立账户，不能设立独立账户的要建立独立明细账目，各项保障活动分别建账，分账核算。积极推行全面预算管理，合理编制、有效控制预算，年度预算执行情况要纳入考核体系。严格资金使用决策程序，规范资金使用流程，大额资金使用必须集体决策并保留记录。

（三）建立多层次资金监管体系

发挥会员监督、工会组织内部和外部共同监督作用。提高互助保障活动资金管理透明度，维护会员知情权，接受会员经常性监督。各级工会监管部门要严格履行资金监管职责，依据国家和全国总工会相关法律法规，制定互助保障活动资金监管办法，督促互助保障组织研究制定内部资金管理和风险管理办法，建立互助保障资金监督检查机制，定期、不定期对互助保障组织进行督查，掌握资金流动状况，对资金风险作出评估。互助保障组织要依法接受工会财务、经审和相关行政部门审计监督，被检查和审计的单位要主动配合，据实提供各种凭单、账册、报表和资料。发现资金管理违规违纪问题，必须追究当事人责任，严肃处理，确保资金安全运行。

思考题：

1. 简述工会企事业三大服务领域的主要内容。
2. 如何依法监管职工文化教育体育服务阵地？
3. 职工疗休养服务事业的性质和特点是什么？
4. 如何正确理解职工互助保障事业的公益性和互助性？

第八章　深化工会企事业体制机制改革

深化工会企事业体制机制改革，是推动工会企事业资产保值增值的基本要求，是提高工会企事业服务职工能力的关键措施，是促进工会企事业资产实现高质量发展的必然要求。主要包括工会从事公益服务事业单位改革、工会经营性事业单位改革、工会企业改革等方面的内容。掌握深化工会企事业体制机制改革的内容，有助于我们理解和把握工会企事业改革的必要性重要性，准确掌握分类推进工会企事业改革的指导思想、基本原则、目标任务和具体要求。

第一节　深化工会企事业体制机制改革的意义

从中共中央、国务院要求，推动工会组织改革创新，增强工会企事业发展活力和服务能力等角度充分理解深化工会企事业体制机制改革的重要意义，有利于增强对工会企事业资产工作的规律性认识，更好地推动工会企事业在新形势、新任务、新要求下实现高质量发展。

一、深化工会企事业体制机制改革是贯彻落实中共中央、国务院分类推进事业单位改革总体目标任务的必然要求

党的十一届三中全会以后，我国开始逐步探索中国特色社会主义之路，各项改革措施全面实施。事业单位是我国社会事

业的重要组织载体，事业单位改革成果影响着未来我国社会事业体制的基本特征。

积极稳妥地分类推进事业单位改革，是中共中央、国务院提出的重要要求，也是全面深化改革开放的一项重要任务。40年来，党中央、国务院推进事业单位改革的进程大致有三个阶段。

（一）探索适应阶段（1978—1992）

1978年至1992年是事业单位改革的初始阶段，这一阶段事业单位改革的主要任务是拨乱反正，落实党的十一届三中全会确立的路线、方针和政策，全面恢复并发展各项社会公共事业。

1985年是全国事业单位改革的第一个关键年份。中共中央发布了《关于科学技术体制改革的决定》、《关于教育体制改革的决定》、《关于艺术表演团体改革的意见》，卫生部发布了《关于卫生工作改革的若干政策问题的报告》，这四个全国性文件有力地推动了科技、卫生、教育及艺术表演领域的体制改革，促使全国事业单位改革进入了分领域探索阶段。

这一阶段的改革为事业单位深入改革奠定了基础，主要特点有：一是改革探索由地方主导进行，以自下而上的方式推动为主；二是改革主要针对事业单位的运行机制，基本未涉及事业单位的管理体制；三是改革在科技、教育、文化、医疗卫生等领域分别展开，各事业单位按照所属不同领域进行体制改革。

（二）市场化改革阶段（1993—2001）

1993年是全国事业单位改革的第二个关键年份。中共中央印发了《关于党政机构改革的方案》、《关于党政机构改革方案的实施意见》和《事业单位工作人员工资制度改革方案》、《事业单位工作人员工资制度改革实施办法》，把事业单位改革纳入党政机构改革之中，明确了事业单位改革的方向是实行政事分开、推进事业单位的社会化，要使事业单位具有法人资格，进行事业单位法人登记，开始对全额拨款、差额拨款、自收自支三种不同类型的事业单位实行分类管理。

1996 年中共中央、国务院印发了《中央机构编制委员会关于事业单位机构改革若干问题的意见》，1998 年国务院发布了《事业单位登记管理暂行条例》、《民办非企业单位登记管理暂行条例》，2000 年中组部、原人事部发布了《关于加快推进事业单位人事制度改革的意见》，明确了事业单位应“脱钩、分类、放权、搞活”，建立政事职责分开、单位自主用人、人员自主择业、政府依法管理、配套措施完善的分类管理体制。

这一阶段的改革的主要特点有：一是改革由中共中央、国务院及中央部委主导，改革进程转变为以自上而下的方式推动为主；二是明确了全国事业单位改革的基本方向、基本思路和基本方针，开始推进事业单位的分类改革；三是在改革具体操作层面，事业单位隶属关系逐渐从部门管理转向属地管理，开始建立事业单位法人登记制度。

（三）回归公共服务阶段（2002 年至今）

2002 年党的十六大提出要“形成比较完善的国民教育体系、科技和文化创新体系、全民健身和医疗卫生体系”，事业单位体制改革开始进入总体推进和配套改革阶段。2007 年党的十七大在构建社会主义和谐社会的指导思想下，更加关注政府的社会管理职能和公共服务职能。

2011 年中共中央、国务院印发《关于分类推进事业单位改革的指导意见》，提出“政事分开、事企分开、管办分离”，分类指导、分类推进事业单位改革。2013 年，党的十八届三中全会《关于全面深化改革若干重大问题的决定》指出，要加快事业单位分类改革，加大政府购买公共服务力度，推动公办事业单位与主管部门理顺关系和去行政化，理顺事业单位与主管部门关系，建立事业单位法人治理结构。此后，2014 年国务院印发《事业单位人事管理条例》及配套政策法规，2015 年中共中央办公厅印发实施《事业单位领导人员管理暂行规定》，进一步规范和加强了事业单位人事管理工作。2016 年财政部、中央编办印发《关于做好事业单位政府购买服务改革工作的意见》，通过政府购买服务改革来支持事业单位分类改革和转型发展，创新公共服务提供方式，增强事业单位提供公共服务能力，提高公共服务质量和效率。2022 年财政部公布《事业单位财务规则》。

这一阶段改革的主要特点有：一是改革的目标回归到以促进公益事业发展为目的，事业单位改革与政府购买服务相结合，重塑公共服务供给机制，提高公共服务质量，发展社会事业；二是分类指导、分业推进事业单位改革，按照社会功能将现有事业单位划分为“承担行政职能”、“从事生产经营活动”、“从事公益服务”三个类别，这是中央第一次针对事业单位的分类改革制定出台了相关政策；三是推进了绩效工资改革为代表的人事分配制度改革，明确了事业单位的养老保险改革方向。

二、深化工会企事业体制机制改革是推动工会组织改革创新的重要举措

2015 年 1 月，中共中央印发了《关于加强和改进党的群团工作的意见》，强调改革创新是群团工作发展进步的不竭动力，要不断推进群团工作和群团组织建设理论创新、实践创新、制度创新。习近平总书记在中央党的群团工作会议上发表重要讲话，对群团组织改革创新提出明确要求，强调要在群团组织中深入推动思想教育、问题整改、体制创新，转变思想观念，强化群众意识，改进工作作风，提高工作水平，要求工会、共青团、妇联等群团组织增强自我革新的勇气，下大气力解决突出问题。

2015 年 11 月 9 日，中央全面深化改革领导小组第十八次会议审议通过了《全国总工会改革试点方案》，党中央决定在全国总工会开展中央群团机关改革试点，这是党中央从协调推进“四个全面”战略布局出发作出的重大决策部署。

近年来，全国总工会先后制定下发了《中华全国总工会关于推进工会企事业改革与发展的指导意见》和《中华全国总工会关于做好工会事业单位分类改革工作的指导意见》，对工会系统事业单位分类改革进行指导，地方工会系统事业单位分类改革按照地方党委、政府的部署有序推进；2017 年制定出台《中华全国总工会办公厅印发〈关于工会系统经营类事业单位改革的指导意见〉的通知》，指导全国工会企事业转企改制，并明确指出这是贯彻习近平总书记重要讲话精神和中央党的群团工作会议精神、加强和改进新形势下党的群团工作政治任务的重要内容。

全国总工会所属生产经营类事业单位转企改制工作，是中央一级从事生产经营活动事业单位转企改制工作的重要组成部分。根据中央编办对全国总工会所属事业单位分类的批复，全国总工会党组、书记处对全国总工会本级所属事业单位分类改革工作进行了部署，印发了《全国总工会本级生产经营类事业单位转企改制工作方案》，稳步推进全国总工会所属生产经营类事业单位转企改制工作。

三、深化工会企事业体制机制改革是增强发展活力和服务职工能力的必由之路

长期以来，工会企事业单位在各级工会组织的领导下，紧紧围绕党和国家工作大局及工会工作全局，始终坚持“三服务”宗旨，积极开展为广大职工群众服务的职工教育、文化出版、疗休养、互助保障和旅游休闲活动，在满足职工物质精神

文化需求、密切工会组织与职工群众联系等方面作出了积极贡献，也进一步发展和壮大了工会服务阵地，夯实了工会资产服务职工的物质基础。

同时，工会企事业单位也存在事企不分、体制不顺、机制不活的问题，主要表现在：一是部分工会企事业资产分布过于零散，单位规模普遍较小，行业竞争力有待进一步提高；二是不同地区、不同行业的企事业单位发展不平衡不充分的现象依然存在；三是部分企事业单位职能定位不明确，部分事业单位聚焦服务职工的主责主业不够突出；四是企事业单位普遍面临着资金短缺、基础设施老化、人才不足的困难，影响服务职工的作用正常发挥；五是部分企事业单位管理体制机制需要进一步完善，还需要在建立科学规范的管理模式方面下更大功夫；六是部分工会组织和工会干部对发展工会企事业的重要性、紧迫性认识不足，对加强工会资产监管、推动工会企事业发展缺乏清晰的思路和切实可行的举措。这些问题严重影响了工会企事业单位的活力与市场竞争力，也一定程度地制约了广大职工建功立业积极性、创造性的充分发挥，必须予以高度重视，通过改革推动解决。

工会企事业体制机制改革就是要深入学习贯彻习近平总书记关于工人阶级和工会工作的重要论述，围绕中国特色社会主义工会发展道路和工会企事业“三服务”的根本宗旨，增强政治性、先进性、群众性，从根本上解决会企不分、会事不分、事企不分等问题，探索工会企事业在把握新发展阶段、贯彻新发展理念、构建新发展格局中的作用，不断满足广大职工群众物质和精神文化需求。一是坚持公益性服务性，科学调整工会企事业分布范围，使工会资产集中投向能够直接满足广大职工群众多元化物质文化需求的领域，实现内涵式发展。二是坚持聚焦主责主业，推动资产向有竞争优势的行业和领域集中，坚持存量提质改造和增量结构调整并重，加大对具有政策资源优势、体现工会特色、市场发展前景广阔的工会企事业的投入力度，打造工会品牌。三是建立科学运营体制机制，推动工会资产发挥服务效能。厘清出资人的监管职责与经营者的经营责任，探索企业资产所有权与经营权分离，清理规范现有企事业单位，优化业务领域布局，有效提高工会企事业资产管理效能。四是建立健全经营管理考核制度，让考核成为刚性，将经营业绩作为选拔任用工会企事业管理人员的重要标准，使“能者上，平者让，庸者下”，推动打造一批政治强、懂经营、会管理、能力优、作风好的工会企事业资产管理人才队伍。

第二节　稳步推进工会从事公益服务事业单位改革

工会从事公益服务事业单位具有独特的职能定位，要深刻把握改革目的和基本原则，以及推进管理体制改革、深化劳动人事分配制度改革的总体要求，实现从“传统事业单位”到“公益事业单位”再到“现代公益事业组织”的转变。

一、改革的目的和基本原则

工会事业单位突出公益性服务性，必须适应新时期工人阶级队伍的新情况新特点，深入职工之中、倾听职工呼声、反映职工意愿，密切联系职工、有效吸引职工、广泛团结职工。推进工会从事公益服务事业单位改革，有利于发挥工会的桥梁纽带作用，更好服务职工群众。工会事业单位可以发挥贴近职工、受职工信赖的独特优势，在职工中大力宣传党的路线、方针和政策，及时将职工的需求传递给各级党组织，为党和国家的科学决策提供支撑，建立起党和政府与广大职工的感情，这是工会组织桥梁纽带作用的重要体现。推进工会从事公益服务事业单位改革，有利于工会承载更多资源和手段，践行党和政府赋予的使命。习近平总书记多次强调，“党委和政府要把更多的资源和手段赋予工会组织”，中央提出要把党政所急、职工所盼、工会所能的事交给工会去办，为工会工作提供更好的条件和环境。工会事业单位进行组织创新和制度创新，可以承载更多服务职工的资源和手段，更有效地构建和谐劳动关系、促进社会公平正义、维护社会和谐稳定。推进工会从事公益服务事业单位改革，有利于建立工会维权新机制，更好地维护职工权益。维护职工合法权益是各级工会组织的基本职责，在全面建设社会主义现代化国家、全面深化改革、全面依法治国、全面从严治党的新形势下，各级工会组织推进事业单位增“三性”、去“四化”，可以更切实维护和满足职工群众的物质需求、文化需求，帮助职工解决实际困难，增强工会组织的凝聚力和向心力。

工会事业单位改革的中心任务，要实现从“传统事业单位”到“公益事业单位”再到“现代公益事业组织”的转变。

一方面，要实现从“传统事业单位”到“公益事业单位”的转变。“事业单位”是对当前所有属于事业编制的单位组织的统称，而“公益事业单位”是其中真正行使国家事业职能的单位组织，是事业单位族群的主体，但不是全部。二者的差别主要是内容边界不同，即当前“事业单位”中还包含许多职能目标不属于国家事业范畴、不应纳入国家事业体制内的单位组织。因此，从“事业单位”到“公益事业单位”转变的主要任务是将现有“事业单位”进行合理和明确“分类”，然后根据分类的结果将不属于“公益事业单位”的“事业单位”“剥离”出事业体制。

另一方面，要实现从“公益事业单位”到“现代公益事业组织”的转变。现有“公益事业单位”虽然在职能目标上符合国家事业的要求，但在组织形态上还有较大差距，需要进一步转变成为“现代公益事业组织”。“公益事业单位”与“现代公益事业组织”的差别主要是组织地位、组织形态以及运行方式的不同，因此，从“公益事业单位”到“现代公益事业组织”转变的主要任务是“重构”公益事业单位的组织结构、运行机制与“转制”(转变公益事业管理体制和制度环境)。作为公共行政的重要组成部分，现代公益事业组织与传统公益事业单位一样，都承担着为公民提供普遍的、平等的、同质性的、可及的公益性服务的职责。但传统体制下的公益事业单位与现代社会体系中的现代公益事业组织在职能领域、组织形态、资金来源、产权基础、运作模式、监督机制、政府角色等方面都有明显不同。

二、推进管理体制改革

工会事业单位在全国工会企事业中占绝大多数。工会事业单位应坚持公益性服务性的发展方向，强化公益服务职能，为社会和广大职工群众提供文化、教育、体育、疗休养等方面的公共产品和公益服务，用“专、精、特、新”的规范化服务，重塑“职工之家”、“工人的学校和乐园”的公共服务阵地，提高社会效益和公众知名度。

分类推进事业单位改革，将是工会企事业面向未来重新精准定位职能、优化业务布局的不容错过的契机。只有公益服务定位契合社会需求、公共服务提供效率高的事业单位，才有望获得更多政府公共财政资金的支持。大多数工会事业单位如文化、教育、体育、疗休养事业等，都符合“优先发展直接关系人民群众基本需求和国家安全、社会稳定的公益服务，促进公益服务公平公正”。通过对工会事业单位进行横向（本级工会）和纵向（跨级整合相同或相近的业务领域）的重组、合并、撤销，建立起与规范化公益服务、市场化经营管理相匹配的宏观监管体系、法人治理结构和微观运行机制。

事业单位法人治理模式大致有三类：一是以德国为代表的“首席执行官”模式，简单易行，适合规模小、人员少、提供具体服务的基层公益服务机构；二是以英国为代表的“管理委员会+首席执行官”模式，有利于加强对公益服务机构的控制，发挥其负责人的主动性；三是国外公共机构普遍的“理事会+执行官”模式，理事会、监事会、执行人相互制衡，这在国内事业单位改革一些试点地区也进行了尝试。

工会事业单位的基本特点具有服务宗旨的公益性、服务对象的广泛性、服务主体的独立性。在工会事业单位探索建立完善法人治理结构，工会资产监督管理机构作为出资人代表向工会事业单位选派理事、监事，与职工代表等组成理事会、监事会，对工会事业单位实施监督管理、决定重大事项等，对主要负责人的任命提出意见建议及考核运营情况等，具体的管理运营由工会事业单位负责人执行。

三、深化人事、劳动、分配制度改革

稳步推进工会从事公益服务事业单位改革，要创新事业单位运行机制。建立科学的事业单位运行机制是事业单位管理体制改革取得成功的重要标志，应包括科学的用人机制、合理的分配机制、公正的考核机制、完善的奖惩机制及必要的淘汰机制。

（一）科学的用人机制

按现行事业单位人事制度改革的要求，用人制度改革的实质是推行聘任制。即用人单位与被聘任者之间签订聘任合同，双方根据合同约定来完成各自的责任与义务。通过聘任制把原来的人员由单位所有变为社会所有，促进人员的流动，以解决人员能进难出的问题。现在的关键问题是必须建立一种制度和程序，使事业单位在人员聘任中体现科学性、公正性，能够真正聘任到确实优秀的所需人才，而不是在所长、主任或者书记负责制的名义下，聘任他们各自所需的所谓“人才”。这不是对个人的信任与否问题，而是管理的科学性问题。必须建立相应的制度和必须遵守的程序，使这种制度和程序不因为个人的意志改变而改变，或者建立具有权威的人才评价聘任中介机构，其可以按用人单位的要求条件，客观公正地选用人员。

（二）合理的分配机制

就事业单位的现状而言，建立合理的分配机制，还存在资金和政策两方面的制约因素。目前大部分事业单位特别是基层和经济不发达地区的事业单位，事业单位的资金主要是人头费，只能养人，事业发展资金很少；事业单位工资政策规定，可以拿出工资总额的30%再分配，数量很少，难以起到激励的作用。在这种情况下，搞活分配比较难。随着分配制度改革的不断深入，分配要素的逐渐多元化，可分配资金的发展壮大，合理分配机制有望逐步建立并不断完善。尽管建立合理分配机制还有很多困难和制约因素，但改革的方向必须坚持，改革的步伐必须坚定，改革的目标必须明确。

（三）公正的考核机制

考核的关键在于标准明确、依据清楚、程序科学。通过考核，能够实事求是地反映出个人或单位的实际情况，能够区分优劣。对于事业单位来说，考核有两层意思，其一是对个人的考核，其二是对单位的考核。传统的考核往往只重视对个人的考核，忽视对单位的考核。应该重视对单位的考核，比较准确地评价事业单位的社会作用，为重新配置事业单位资源提供依据。考核中还应该重视考核的科学性、公正性和实用性，即可操作性。考核机制具有科学性就有价值，公正了才能服人，可操作以便于奖惩。

（四）完善的奖惩机制

奖惩机制的建立，是建立事业单位科学运行机制的重要组成部分。奖惩机制的实质是通过奖惩达到激励先进、鞭策落后、共同提高，推动事业发展。完善的奖惩机制是指不论是奖励还是处罚，都要客观公正、恰如其分。完善的奖惩机制不但要求奖惩制度本身的科学性，还要求在具体操作时体现公正性和人性化。

（五）必要的淘汰机制

优胜劣汰是事物发展的一般规律，事业单位的生存和发展也离不开这一规律。在公平竞争的社会主义市场经济环境中，只有当事业单位适应社会发展和人民生活的需要，并且不断提高其自身发展水平和管理水平，才能在激烈的竞争中求生存，在推动社会发展的同时促进自身的发展。可以说，淘汰机制是上述各种管理制度的最后兑现和最终结果，决定着事业单位的未来，通过必要的淘汰机制，使事业单位的资源得到重新配置。

四、构建公益服务新格局

公益服务涉及广大职工群众的基本需求，衡量工会事业单位是否履行好公益服务职责，关键是看职工群众是否保质保量地享受到公益服务，必须确保工会事业单位有效提供公益服务。

（一）要明确工会事业单位功能定位，发挥各级工会组织的导向作用，培育工会事业单位的公益服务职能

各级工会组织应积极引导工会事业单位科学定位、正确定位、合理定位。一是要明确工作重心，切实维护职工合法权益，把竭诚服务职工、发展职工利益作为一切工作的出发点与落脚

点，扎扎实实为职工群众做好事、办实事、解难事。二是要改进工作作风，破除日常工作衙门作风，贯彻落实增“三性”、去“四化”的要求，杜绝脱离群众现象。三是要完善各项制度，根据各地工会事业单位的具体情况，加强各项制度建设，健全完善系统、科学、有效的服务职工工作体系和维权机制，发挥工会事业单位作为公益服务阵地的积极作用，把党和政府的关怀送到职工群众的心坎上。

（二）要聚焦工会事业单位核心能力，提高各级工会组织的资源整合能力和水平

一是要发挥工会事业单位作为公益服务阵地的先天优势，发扬工会事业单位在组织、引导、教育和服务职工方面的主力军作用。二是积极推进工会组织改革创新，最大限度地把资源向基层倾斜，提升基层工会事业单位的公益服务能力和水平。三是要抓好工会事业单位队伍建设，引导工会事业单位干部职工牢牢把握正确政治方向，牢牢把握我国工人运动的时代主题，带领亿万职工群众永远跟党走。

（三）要发挥工会事业单位的桥梁纽带作用，作为基层服务阵地，把实现好、维护好、发展好职工群众根本利益作为各项工作的出发点和落脚点，反映情况、表达诉求、破解难题

一是要密切工会事业单位与职工群众联系，积极构建联系广泛、服务职工的工作体系，让广大职工真正感受到工会是“职工之家”，工会干部是可信赖的“娘家人”。二是要拓展工会事业单位服务领域、增加服务品种、扩大供给总量。健全职工诉求表达渠道，依法保障职工的知情权、参与权、表达权、监督权，加强群众参与、群众监督，通过多样化形式，畅通诉求渠道，及时、准确把握职工需求，努力做到有问必答、有求必应。三是要强化工会事业单位的阵地建设，特别是加强困难

职工帮扶中心、法律援助中心、工人文化宫、俱乐部、职工学校、工人疗养院等服务阵地建设，发挥工会“大学校”作用，满足职工群众多层次、多样化服务需求。

第三节　积极稳妥推进工会经营类事业单位改革

工会经营类事业单位改革是分类推进工会事业单位改革的重要内容。要深刻把握改革的指导思想、基本原则、目标任务、操作程序和基本要求，积极稳妥推进工会经营类事业单位改革，最终使其真正成为自主经营、自负盈亏、平等竞争、自我发展的市场主体，提高资产运营质量和效率。

一、指导思想和基本原则

坚决贯彻落实中央关于事业单位改革的决策部署，积极稳妥推进工会经营类事业单位改革，要坚持党的领导，坚持社会主义市场经济改革方向，围绕使市场在资源配置中起决定性作用，为职工提供有效供给，着力解决工会事业单位从事生产经营活动长期存在的会企不分、事企不分，以及体制不顺、机制不活、效益不高等突出问题，扎实推进工会系统经营类事业单位转企改制，激发内生发展动力，增强市场竞争力，提高工会资产运营效率。

1. 要坚持会企分开、事企分开。进一步理顺各级工会组织与所属工会企事业单位的关系，建立有利于工会企事业健康发展的管理体制、运行机制和发展模式，应由市场配置资源的生产经营活动坚决交给市场，将经营类事业单位逐步转制为企业。

2. 要坚持突出特色、服务大局。聚焦主业，重点发展工会企事业三大服务领域，将可由市场配置资源的生产经营活动交给市场。发挥工会资产服务职工的效能，服务基层、服务职工群众、服务工会工作整体部署，增强职工群众获得感。

3. 要坚持激发活力、规范监管。按照简政放权、放管结合、优化服务要求，依法赋予转制企业法人财产权和经营自主权，充分激发其发展活力和创造力。进一步完善监管制度，提升监管效能，防止工会资产流失，实现保值增值。

4. 要坚持公平公正、公开透明。严格规范工作程序，依法依规处置国有资产和工会资产，妥善安置人员，保障干部职工知情权、参与权、表达权、监督权，切实维护相关各方合法权益。

5. 要坚持积极稳妥、分类分步。根据经营类事业单位实际情况确定改革路径方式，周密制定改革方案，把握好时机、节奏、力度，分类型、有步骤推进，确保平稳有序。

二、主要目标和任务

工会经营类事业单位改革的目标是将工会系统经营类事业单位转制为企业，使其真正成为自主经营、自负盈亏、平等竞争、自我发展的市场主体，建立产权清晰、权责明确、会企分开、管理科学的现代企业制度。

1. 要区分情况，分类推进改革。经济效益较好的工会系统经营类事业单位，特别是已经实行企业化管理的，要加大改革力度，优先推进转制为企业，2017 年底前基本完成，并支持其做强做大；经济效益一般，但具有发展潜力，转制后能够激发活力、正常经营的，要创造条件，通过减轻负担等政策支持，稳妥推进转企改制，2018 年底前基本完成；人员、资产规模较小或无固定资产，转制后难以正常运转的，要逐步予以撤销，并做好人员安置工作，2020 年底前基本完成；长期亏损、资不抵债、债权债务不清晰、历史遗留问题多的，要摸清情况，实行财务拨款只减不增、人员只出不进，依法依规处理债权债务，稳妥退出事业单位序列，2020 年底前基本完成。各地可结合实际探索其他改革方式。

2. 要严格工会资产处置管理。按照权属清晰、风险控制、安全完整的原则，对转制单位资产进行全面清理、核对和查实，准确核查债权债务。转制单位的债权债务原则上由转企改制后的企业承接。工会资产处置要严格按照《中华全国总工会办公厅关于印发〈工会行政事业性资产管理办法〉的通知》、《中华全国总工会办公厅关于印发〈工会企业资产管理办法〉的通知》等相关文件要求执行，杜绝工会资产流失。

3. 要建立现代企业制度。健全企业法人治理结构，推动形成权责对等、运转协调、有效制衡的决策执行监督机制，落实工会资产保值增值责任，完善经营业绩考核。探索建立自主灵活、适应市场竞争的经营管理机制，实行管理人员能上能下、员工能进能出的用人制度，建立与劳动力市场基本适应、与企业经济效益和劳动生产率挂钩的工资决定和正常增长机制，合理确定并严格规范企业管理人员履职待遇和业务支出，着力提升企业发展活力和抵御风险能力。

4. 要严控人员编制。改革过程中要采取有力措施，严控人员编制，现有“空编”一律核销，不得新进事业编制人员。具有事业企业“双法人”资格的，注销事业单位法人，核销事业编制，直接转制为企业。

5. 要妥善安置人员。要切实把转制单位人员的底数和诉求等摸清摸准摸透，区分情况制定安置方案，稳妥有序组织实施。转制单位原则上应继续聘用原事业单位工作人员，并做好养老保险、医疗保险等的过渡衔接。被撤销单位人员的安置工作由原主管部门负责，通过开辟新的就业岗位、培训转岗等方式妥善解决，鼓励自主就业创业，不得简单推向社会。

三、操作程序和基本要求

根据《中华全国总工会办公厅印发〈关于工会系统经营类事业单位改革的指导意见〉的通知》，在工会系统经营类事业单位改革进程中，各级工会应授权明确工会资产监管机构，对转制单位履行出资人职责，并根据“统一所有、分级监管、单位使用”的原则研究制定工会资产管理的办法，建立和完善工会资产保值增值指标体系，组织转制单位上交工会资本收益，确保转制单位工会资产保值增值。

1. 要加强组织领导。各级工会对所属转制单位改革工作要切实担负起主体责任，明确牵头部门，统筹协调组织、资产、财务、经审等部门，及时了解掌握各单位工作进展情况，积极研究解决改革中遇到的问题，确保工会资产安全完整和改革的顺利推进。

2. 要周密安排部署。主管部门要成立改革领导小组，精心制定改革方案，列明资产、人员编制等情况，明确改革方式、资产清查处置、人事劳动关系处理、社会保障衔接、组织实施步骤等，统筹安排对经营类事业单位主要负责人的经济责任审计，组织制定资产清查方案，做好资产清查准备、改革成本测算等工作。

3. 要做好改革衔接。要注重与行业体制改革政策衔接，着力解决基础性、共性和衔接性问题。中央已经作出部署的行业体制改革，继续按现行领导体制和工作部署推进。分类中未划入经营类的事业单位，其开展的竞争性生产经营活动，要按照本指导意见精神，通过剥离或与其他经营类事业单位整合等方式稳步推进改革。

4. 要严明工作纪律。严禁随意处置工会资产，确保工会资产不流失。工会资产变更、处置等事项要按照规定程序报批，严格财务管理，严禁突击花钱，严禁转移、侵吞、挤占工会资产，严控人员编制。对违反有关法律法规和政策规定的，要严肃追究相关单位和责任人责任。

5. 要强化监督检查。各级工会要及时跟踪了解改革进展情况，加强干部监督和纪检监察，如发现重大问题或隐患，应及时向当地有关部门和上级工会汇报，并研究拟定解决措施，督促问题单位予以改正。

第四节　大力推进工会企业改革

工会企业是工会企事业的重要组成部分。只有掌握推进工会企业改革的指导思想、基本原则、方向和重点以及工作要求，才能深刻理解工会企业的功能定位，明确工会企业下一步的发展方向。

一、指导思想和基本原则

工会企业包括工会出资的工会独资企业、工会资本控股公司、工会资本参股公司。这些工会企业是各级工会组织兴办的以营利为目的的经营性经济组织，涵盖了宾馆酒店、旅行社、房地产等领域，在为职工群众提供服务的同时，承担着参与市场竞争，发展壮大工会资产的任务。工会企业资产占工会资产总量的比重较少，布局分散，服务面集中。

工会企业要面向市场、适应市场、依附市场、创造市场。重新确定市场在企业生产、经营、投资、发展中的中心地位。根据市场环境，制定发展战略，确定市场定位。重视人才、技术开发和市场营销在企业中的基础地位。善于捕捉市场机遇，规避市场风险。建立适合市场竞争的企业制度，建立企业所有者、经营者和劳动者的制衡关系。

工会企业要推进产权制度改革，按照会企分开的原则，建立起归属清晰、权责明确、保护严格、流转顺畅的现代产权制度，对工会企业实行公司制、股份制改造，明确工会企业的产权划分和归属主体，完善出资人制度，落实产权责任，引导投资主体多元化，明晰权责关系，使企业真正成为自主经营、自负盈亏、自我约束、自我发展的市场主体和法人实体。

各级工会要不断优化工会企业的布局和结构，整合资源，盘活存量，优化增量，提高资产运行效益，逐步建立完善工会企业资本进退有序、合理流动的机制。加大结构调整的力度，加快培养一批行业排头兵企业和具有较强市场竞争力的大企业。控制在一般竞争性领域的盲目扩张，对小、散、弱等劣势企业资产进行专业化的整合。工会企业要坚持公益性服务性方向、推进职工服务阵地社会化市场化运作，不能因承担了公益服务目标而降低营利的责任，要充分整合现有资源，实现工会企业内部资源共享、互助协作，努力实现股东权益最大化，保证工会资产保值增值。

二、方向和重点

工会企业改革的方向是建立现代企业制度。各级工会要推进工会企业的公司制、股份制改革，加大公司制改革力度，根据不同企业的功能定位，逐步调整工会股权比例，形成股权结构多元、股东行为规范、内部约束有效、运行高效灵活的经营机制。

工会企业改革要关注转换企业经营机制、健全法人治理结构、加强民主管理、加强党的领导等重点环节。

（一）要转换经营机制

要加强企业战略与规划管理，科学合理地制定企业战略规划，提高规划的执行力。建立健全财务预算管理工作体系，提高预算目标的合理性和准确性，合理安排生产经营活动的资金需求，稳健经营。加强投资管理，严格投资决策程序，严肃追究投资决策失误责任，控制投资风险。要全面加强风险管理，强化内控机制建设，强化重大财务事务和关键环节的管控，合理控制企业负债规模，防止资产负债结构和财务状况的恶化。加强经营业绩考核工作，进一步完善目标确定机制，加大行业对标力度，加强考核过程评价监督，建立健全分析跟踪制度，完善预警机制。加大信息化建设力度，在企业生产经营全过程中积极推广和应用信息网络技术，充分利用现代信息资源和手段来提高企业的集中管控能力、管理效率和水平。还要加强企业领导班子建设和职工队伍建设，抓紧培养高素质的人才队伍，合理规划职工培训，提高业务技能，优化企业的人才要素结构。

（二）要健全法人治理结构

重点是推进董事会建设，建立健全权责对等、运转协调、有效制衡的决策执行监督机制，规范董事长、总经理行权行为，充分发挥董事会的决策作用、监事会的监督作用、经理层的经营管理作用、党组织的政治核心作用，切实解决一些企业董事会形同虚设、“一把手”说了算的问题，实现规范的公司治理。要切实落实和维护董事会依法行使重大决策、选人用人、薪酬分配等权利，保障经理层经营自主权。法无授权，任何政府部门和机构不得干预。加强董事会内部的制衡约束，董事会和监事会均应有职工代表，落实一人一票表决制度，董事对董事会决议承担责任。坚持党管干部原则与董事会依法产生、董事会依法选择经营管理者、经营管理者依法行使用人权相结合，不断创新有效实现形式。根据不同企业类别和层级，实行选任制、委任制、聘任制等不同选人用人方式。推行职业经理人制度，实行内部培养和外部引进相结合，董事会按市场化方式选聘和管理职业经理人，合理增加市场化选聘比例，加快建立退出机制。推行企业经理层成员任期制和契约化管理，明确责任、权利、义务，严格任期管理和目标考核。

（三）要加强职工民主管理

职工民主管理是企业职工依照法律和有关规定，通过一定的组织形式（职工代表大会是基本形式），参加企业管理，行使民主权利的活动。职工民主管理体现了职工当家作主的本质要求，并立足于通过各种形式来维护和保障职工的经济权利和民主权利。工会企业推行民主管理，建立健全企业民主管理制度，保障广大职工当家作主的权利，明确其主人翁地位，可调动和发挥广大职工的积极性和创造性，对工会企业健康、和谐发展起到积极的促进作用。企业要生存、要发展，必须全心全意依靠广大职工，充分保障职工的知情权和参与权，以民主管理推进整体工作，从而调动和发挥职工的积极性和创造性。要完善职工代表大会制度，每年召开一次职工代表大会，坚持经营责任制、财务预算、集体合同履行情况等重要事项向职工代表大会报告制度。要完善厂务公开工作，与建立现代企业制度相结合，让职工知厂情、议厂事。

（四）要加强党的领导

各级工会要坚持把党建工作总体要求和党组织机构设置、职责分工、工作任务等纳入工会企业章程或合作协议，明确工会企业党组织在公司法人治理结构中的法定地位。充分发挥党组织在改革中的政治、思想、组织保证作用，充分发挥基层党组织战斗堡垒作用和党员先锋模范作用。坚持党的建设同步谋划、党的组织及工作机构同步设置、党组织负责人及党务工作人员同步配备，党的工作同步开展，实现体制对接、机制对接、制度对接、工作对接。要切实加强党的思想政治工作，紧紧依靠广大职工参与管理，充分调动广大职工的积极性，着力解决经营管理中的一些难点、热点问题，扩大职工对生产经营活动的知情权、重大决策的参与权和领导行为的监督权，切实保障职工合法权益，维护职工队伍稳定。

三、工作要求

履行社会责任是“三服务”宗旨对工会企业提出的必然要求。工会企业必须树立战略思维和现代经营理念，努力培育参与社会主义市场经济合作与竞争的新优势，提升企业竞争力、实现可持续发展。一是要坚持履行社会责任与促进工会企业改革发展相结合原则，全面搞活工会企业，提高工会企业整体素质和竞争力，增加工会资产总额和质量，夯实工会物质基础，更好地发挥工会资产服务科学发展、服务职工群众的作用。二是要坚持履行社会责任与工会企业实际相适应原则，工会企业履行社会责任，要根据行业特点和自身实际，突出重点、分步推进，提高责任竞争力和企业凝聚力，实实在在地落实为职工群众服务的职责和使命。三是要坚持履行社会责任与创建和谐企业相统一原则，把履行社会责任与坚持以人为本、尊重职工、维护职工权益结合起来，实现企业与职工、企业与社会的和谐发展，在工会企业中建设和谐稳定的劳资关系，为全社会树立和谐共赢、可持续发展的榜样和示范。

工会企业应加快进行产权制度改革的步伐，提高市场竞争力，在清产核资、界定产权的基础上，核实资本总量，按照工会统一所有、分级监督管理的原则，明确出资者和出资人代表，由同级工会授权的管理机构代表出资人监管工会资产营运，依法行使所有者职能，积极以建立现代企业制度和公司化运作推动工会企业市场化经营。工会企业要从实际出发，适应社会主义市场经济的要求，以投资主体多元化、法人治理结构规范化、工会资产产权明晰化、经营机制市场化为重点，建立产权清晰、权责明确、会企分开、管理科学的现代企业制度，把工会企业改造成为自主经营、自负盈亏、自我发展、自我约束的法人实体和市场主体。通过市场化运作，扩大综合实力，逐步向“优、强、大”发展，提高经济效益和市场竞争力，充实壮大工会资产，增强履行社会责任的物质基础。

工会企业要深化企业内部改革，一是建立健全法人治理结构，二是建立面向市场的经营机制，三是建立与现代企业制度相适应的用工分配制度。将其作为转换企业内部经营机制的关键环节，推行经营者年薪制、以岗位工资为主体的基本工资和控制生产要素参与收益分配等三项工资制度改革；建立起适应市场竞争需要的并能充分调动员工积极性的动力机制、约束机制和资本增值机制。

在时机成熟时，各级工会所属工会企业可以按照现代企业制度的要求，推动工会企业资产向市场前景好、综合实力强、社会效益高的领域和行业集中，组建和发展一批实力雄厚、竞争力强、代表工会形象的工会龙头骨干企业，规范运作、突出主业，优势互补、多元化经营，推动优质资产、优势资源向优势企业集中，力求做大做强，增强抗风险能力和市场竞争力。工会龙头骨干企业以强带弱、以点带面，实现工会企业共同发展，经济效益和社会效益都有较大提升，使工会企业在建设中国特色社会主义工会中发挥重要作用。

思考题：

1. 深化工会企事业体制机制改革的意义有哪些？
2. 工会经营类事业单位改革的主要目标和任务是什么？
3. 简述工会企业改革的方向和重点。

参考文献

1. 习近平．习近平谈治国理政[M]．北京：外文出版社，2014.

2. 习近平．习近平谈治国理政（第二卷）[M]．北京：外文出版社，2017.

3. 习近平．习近平总书记系列重要讲话读本[M]．北京：人民出版社，2016.

4. 中国共产党第二十次全国代表大会文件汇编[M]．北京：人民出版社，2022.

5. 中国工运学院．李立三 赖若愚论工会[M]．北京：档案出版社，1987.

6. 倪志福．当代中国工人阶级和工会运动[M]．北京：当代中国出版社，1997.

7. 尉健行．尉健行谈工会工作[M]．北京：中国工人出版社，2015.

8. 李玉赋．新的使命和担当（1、2、3 卷）[M]．北京：中国工人出版社，2017.

9. 中国工会四十年资料选编（1948—1988）[M]．沈阳：辽宁人民出版社，1990.

10. 黄恒学．中国事业管理体制改革研究[M]．北京：清华大学出版社，1998.

11. 潘岳．未来的国有企业[M]．北京：经济科学出版社，1998.

12. 王名．非营利组织管理概论［M］．北京：中国人民大学出版社，2002.

13. 钱伟荣．国有企业产权改革研究［M］．北京：经济管理出版社，2003.

14. 中国职工疗养协会．职工疗休养手册［M］．杭州：杭州出版社，2006.

15. 李松森．中央与地方国有资产产权关系研究［M］．北京：人民出版社，2006.

16. 中华人民共和国企业国有资产法［M］．北京：法律出版社，2008.

17. 左然．中国现代事业制度建构纲要［M］．北京：商务印书馆，2009.

18. 范恒山．中国事业单位改革探索［M］．北京：人民出版社，2010.

19. 张志林．劳动心语［M］．太原：山西人民出版社，2012.

20. 于池．中国国有企业权利委托代理关系研究［M］．北京：中国经济出版社，2012.

21. 陈雄根．国有资产监管法律制度研究［M］．北京：中国经济出版社，2012.

22. 卫祥云．国企改革新思路［M］．北京：电子工业出版社，2013.

23. 志远．中国国有资产管理体制创新研究［M］．北京：经济科学出版社，2015.

24. 中华全国总工会财务部．工会财务制度文件选编［M］．北京：中国工人出版社，2015.

25. 中华全国总工会组织部．中国工会章程简史［M］．北京：中国工人出版社，2015.

26. 江龙．国有产权监督论—基于政府经济效率的分析［M］. 广州：广东教育出版社，2016.

27. 刘玉平．国有资产管理［M］. 北京：中国人民大学出版社，2016.

28. 本书编写组．全国职工“七五”普法简明读本—物权法［M］. 北京：中国工人出版社，2016.

29. 中华全国总工会资产监督管理部．工会资产制度文件选编［M］. 北京：中国工人出版社，2016.

30. 《中华人民共和国公共文化服务保障法》解读［M］. 北京：中国法制出版社，2017.

31. 中国职工保险互助会．中国职工互助保障发展报告［M］. 北京：中国工人出版社，2017.

32. 学习强会．全国职工“八五”普法简明读本—工会法［M］. 北京：中国工人出版社，2022.

后 记

《工会资产工作概论》是全国工会干部培训基础教材之一。

本次出版的《工会资产工作概论》是在2018年第一版的基础上，由全国总工会资产监督管理部负责修订。参加本书修订工作的人员有：高瑶瑶（第一章、第六章、第七章第一节），李庆堂（第二章），李洋（第三章第一节、第三节），肖春（第三章第二节、第七章第三节），王萍（第四章第三节、第四节），付瑜（第五章），张洋（第四章第一节、第二节），刘涛（第七章第二节），张爱玲（第七章第三节），闫宇晟（第八章第一节），孙浩然（第八章第二节），段俊龙（第八章第三节、第四节）。付瑜、高瑶瑶负责本书会稿工作。曹彬、王忠、李江红、郭萍同志审阅部分书稿。全书由李庆堂同志修改定稿。

由于编者水平有限，本书难免存在不足和疏漏之处，诚恳地欢迎广大读者批评指正。

编　者

2023年3月